"考古中国"重大项目　甲编第001号

金沙遗址

——祭祀区发掘报告

成都文物考古研究院
成都金沙遗址博物馆　编著

文物出版社

Excavation Report on the Sacrifice Zone of the Jinsha Site

(V)

By

Chengdu Institute of Cultural Relics and Archaeology

Chengdu Jinsha Museum

Cultural Relics Press

1. L26

2. L26局部

中区L26

1. Ab型Ⅰ式陶小平底罐（L26：61）

2. Ad型Ⅰ式陶小平底罐（ⅠT7307㉒：1）

3. L24

中区L24及L26、第22层出土陶器

1. L24

2. L24局部

中区L24

1. L24

2. L24局部

中区L24

1. L24：62

2. L24：63

3. L24：63

中区L24出土木榫卯构件

1. L24：61

2. L24：61局部

中区L24出土木兽面构件

1. 木兽面构件（L24：61）

2. 木榫卯构件（L24：64）

3. 木榫卯构件（L24：64）

中区L24出土木构件

1. Ad型Ⅱ式陶小平底罐（ⅠT7309⑲：2）

2. Ab型陶器盖（ⅠT7307⑯：59）

3. Ad型Ⅰ式陶小平底罐（ⅠT7307⑮：583）

4. B型石璧坯料（ⅠT7306⑮：5）

5. L25

中区L25及第15、16、19层出土器物

1. Bc型Ⅲ式陶小平底罐（ⅠT7309⑪：1615）

2. Be型Ⅱ式陶小平底罐（ⅠT7309⑪：28）

3. B型陶盉（ⅠT7309⑪：19）

4. Cb型玉凿（ⅠT7307⑪：1）

5. Cb型玉凿（ⅠT7307⑪：1）

中区第11层出土器物

1. Ad型Ⅱ式陶小平底罐（ⅠT7309⑩：13）

2. Be型Ⅱ式陶小平底罐（ⅠT7309⑩：16）

3. 玉器残片（ⅠT7306⑩：1）

4. C型石斧（ⅠT7308⑩：6）

5. Bc型Ⅲ式陶小平底罐（H7043：5）

中区H7043、第10层出土器物

1. H7042

2. H7044

3. Be型Ⅰ式陶小平底罐（H7042：5）

中区H7042、H7044及出土器物

1. 美石（ⅠT7407⑧：2）

2. 铜削形器
（ⅠT7407⑧：1）

3. B型Ⅱ式陶尖底罐（ⅠT7309⑦：2）

4. 美石（ⅠT7407⑦：6）

5. 美石（ⅠT7407⑦：4）

6. Aa型石锛（ⅠT7407⑦：2）

7. Bc型铜镞（ⅠT7307⑦：1）

中区第7、8层出土器物

1. A型玉斧（ⅠT7407⑦：3）

2. A型玉斧（ⅠT7407⑦：3）

3. A型玉斧（ⅠT7407⑦：3）

4. A型玉斧（ⅠT7407⑦：3）

5. A型玉斧（ⅠT7407⑦：3）

6. 铜器残片（ⅠT7307⑥：1）

7. 绿松石珠
（ⅠT8302⑬：2）

中区第6、7层及东区第13层出土器物

（7为东区，余为中区）

1. 玉璜（ⅠT7407⑦：1）

2. 玉璜（ⅠT7407⑦：1）

3. C型玉圭（ⅠT7306⑥：2）

中区第6、7层出土玉器

1. L19④

2. L19④局部

3. L19石虎出土情况

东区L19

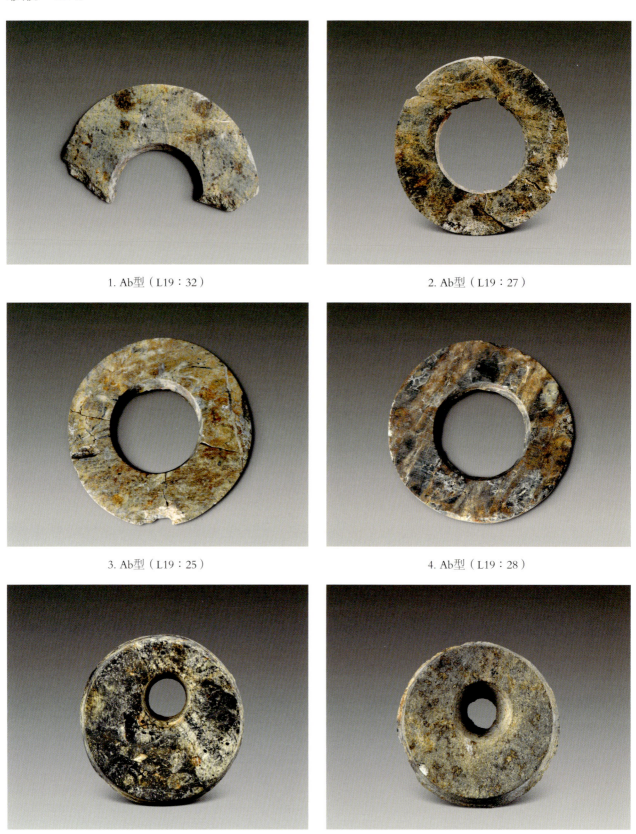

1. Ab型（L19：32）

2. Ab型（L19：27）

3. Ab型（L19：25）

4. Ab型（L19：28）

5. Bb型（L19：1）

6. Bb型（L19：26）

东区L19出土石璧

1. C型石璧（L19：33）

2. C型石璧（L19：33）

3. C型石璧（L19：24）

4. C型石璧（L19：23）

5. C型石璧（L19：29）

6. A型石蛇（L19：16）

东区L19出土石器

L19：17

东区L19出土C型石跪坐人像

L19：17

东区L19出土C型石跪坐人像

1. L19：19

2. L19：19

东区L19出土A型石虎

1. L19：19

2. L19：19

3. L19：19

东区L19出土A型石虎

1. L19：18

2. L19：18

东区L19出土A型石虎

1. L19：18

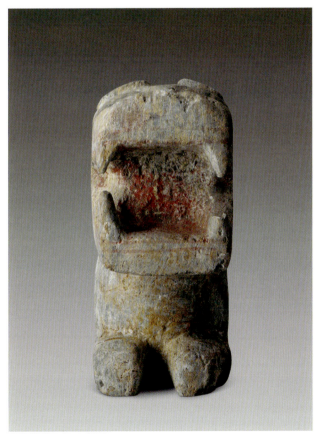

2. L19：18

3. L19：18

东区L19出土A型石虎

1. L17①

2. L17②

东区L17

1. L17③

2. L17象牙保护

东区L17

1. L11①

2. L11②

东区L11

1. L11③

2. L11④

3. L11⑤

东区L11

1. 木胎虎头漆器（L11：31）
出土情况

2. 镶嵌玉片漆器（L11：11）
出土情况

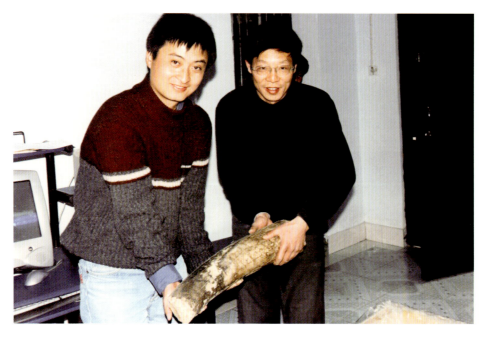

3. L11象牙保护

东区L11

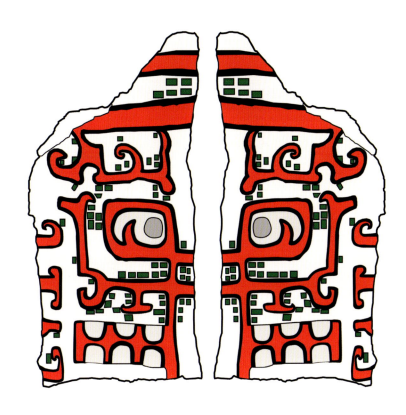

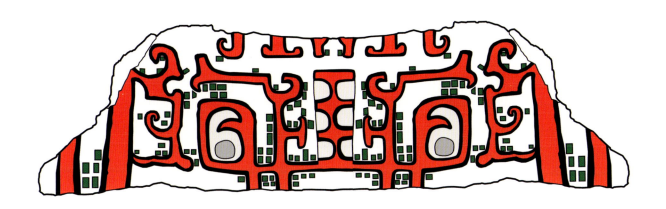

东区L11出土镶嵌玉片漆器（L11：11）复原图

1. L11：31

2. L11：31

3. L11：31局部

东区L11出土木胎虎头漆器

2. L11：31局部

1. L11：31

3. L11：31复原图

东区L11出土木胎虎头漆器的X光照片及复原图

1. Aa型玉矛（L11：38）

2. 绿松石片（ⅠT8304⑫：1）

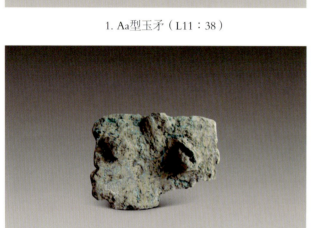

3. 铜器残片（ⅠT8405⑫：1）

4. 石片（ⅠT8304⑪：1）

5. Aa型石璧（ⅠT8205⑪：3）

6. Aa型石璧（ⅠT8205⑪：3）

东区L11及第11、12层出土器物

1. L15局部

2. L16

东区L15、L16

1. Ea型玉璋（ⅠT8206⑩：12）　　2. Ea型玉璋（ⅠT8206⑩：18）　　3. Ea型玉璋（ⅠT8206⑩：22）

4. Ea型玉璋（ⅠT8105⑩：5）　　5. Ea型玉璋（ⅠT8405⑩：6）　　6. Ea型玉璋（ⅠT8206⑩：25）

7. 玉璋残片（ⅠT8206⑩：15）　　8. Ba型玉凿（ⅠT8106⑩：12）

东区第10层出土玉器

1. Aa型玉环（ⅠT8206⑩：20）

2. Ab型玉环（ⅠT8206⑩：1）

3. 美石（ⅠT8305⑩：6）

4. Ba型玉璧（ⅠT8106⑩：11）

5. Bc型玉璧（ⅠT8305⑩：4）

6. 玉凿残片（ⅠT8405⑩：1）

7. 绿松石珠（ⅠT8405⑩：7-1）

8. 绿松石珠
（ⅠT8206⑩：29-10）

9. 绿松石珠
（ⅠT8206⑩：17-7）

10. 绿松石珠
（ⅠT8405⑩：7-2）

11. 绿松石残片
（ⅠT8206⑩：31）

东区第10层出土玉器

1. D型挂饰（ⅠT8405⑩：2）

2. D型挂饰（ⅠT8405⑩：2）

3. Ba型璧（ⅠT8105⑩：1）

4. Aa型Ⅰ式圆角方孔形器（ⅠT8206⑩：8）

5. Aa型Ⅰ式圆角方孔形器（ⅠT8206⑩：8）

6. Aa型Ⅰ式圆角方孔形器（ⅠT8206⑩：7）

东区第10层出土铜器

1. Ac型铜圆角方孔形器（ⅠT8305⑩：1）

2. 不规则铜片（ⅠT8405⑩：8-1）

3. B型铜圈足残片（ⅠT8305⑩：5）

4. 铜虎尾（ⅠT8205⑩：1）

5. 铜虎尾（ⅠT8205⑩：1）

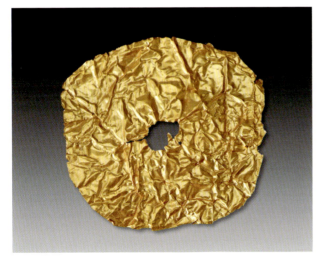

6. 金器残片（ⅠT8306⑩：1）

7. 金器残片（ⅠT8306⑩：1）

东区第10层出土器物

ⅠT8206⑩：2

东区第10层出土铜立人像

1. ⅠT8106⑨b：14

2. ⅠT8106⑨b：14

3. ⅠT8106⑨b：14

4. ⅠT8106⑨b：14

5. ⅠT8106⑨b：14

东区第9b层出土B型Ⅲ式石琮半成品

1. L13

3. Ac型Ⅰ式铜璧（L13：6）

2. Aa型铜戈（L13：5）

4. Ac型Ⅰ式铜璧（L13：8）

5. Ac型Ⅱ式铜璧（L13：3）

6. Ac型Ⅱ式铜璧（L13：4）

东区L13及出土器物

1. 人面形金器（L13：1）

2. 人面形金器（L13：1）

3. L14①

东区L14及L13出土器物

1. L14③

2. L14②

3. L14③

4. L14④

东区L14

1. L14⑤

2. L14⑤

东区L14

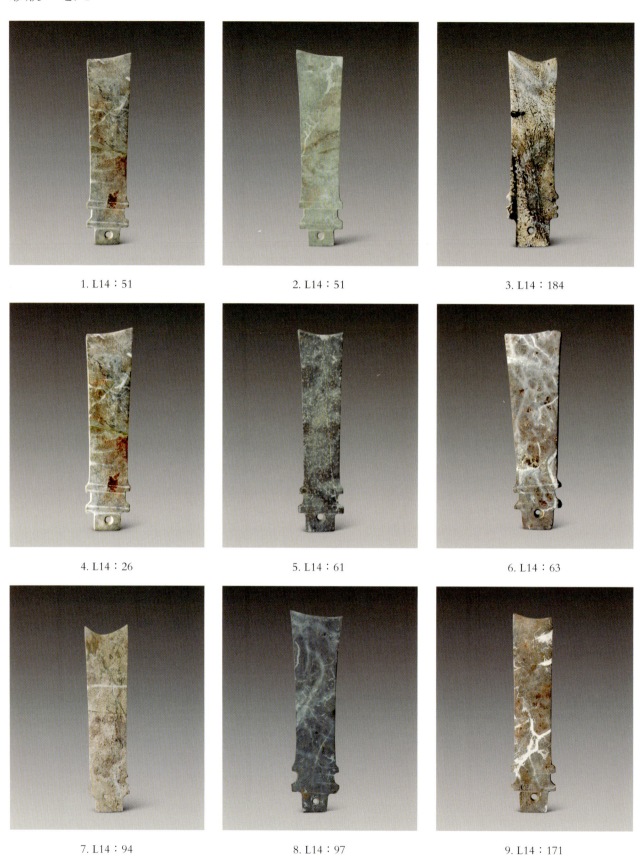

1. L14：51   2. L14：51   3. L14：184

4. L14：26   5. L14：61   6. L14：63

7. L14：94   8. L14：97   9. L14：171

东区L14出土Ea型玉璋

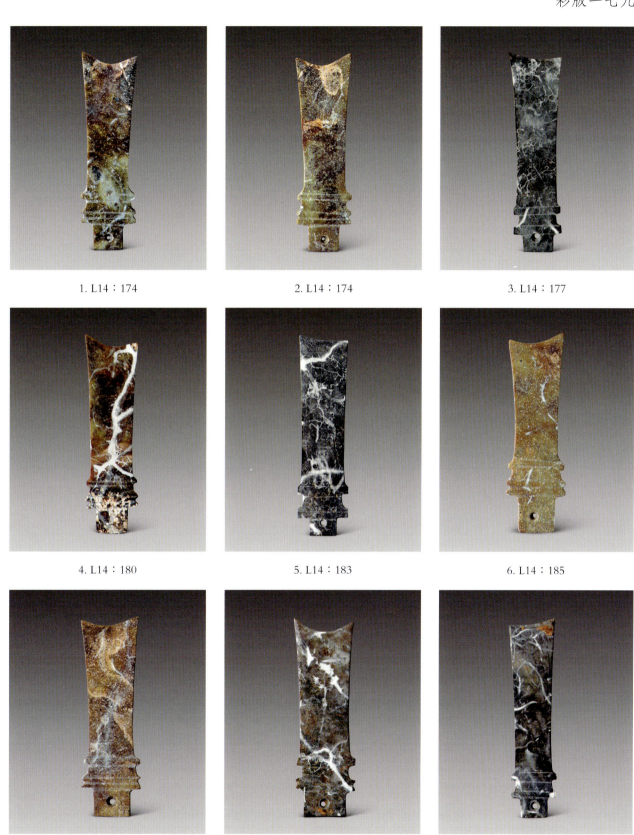

1. L14：174 2. L14：174 3. L14：177

4. L14：180 5. L14：183 6. L14：185

7. L14：248 8. L14：256 9. L14：260

东区L14出土Ea型玉璋

1. L14：261

2. L14：314

3. L14：315

4. L14：317

5. L14：319

6. L14：320

7. L14：321

8. L14：322

9. L14：323

东区L14出土Ea型玉璋

1. Eb型璋（L14：93）

2. Eb型璋（L14：175）

3. Bc型璧（L14：172）

4. Bc型璧（L14：194）

5. Ab型环（L14：82）

6. Aa型镯（L14：78）

7. Aa型镯（L14：78）

8. Ab型镯（L14：84）

9. 玉珠（L14：36）

东区L14出土玉器

1. 玉海贝佩饰（L14：86）

2. 玉海贝佩饰（L14：86）

3. Aa型石斧（L14：92）

4. A型石凿（L14：313）

5. 石簪（L14：96）

6. 美石（L14：77）

7. Ba型铜璧（L14：330）

8. 铜器残片（L14：79）

9. 铜器残片（L14：199）

东区L14出土器物

1. Aa型Ⅰ式鱼形金箔饰（L14：28）

2. Aa型Ⅰ式鱼形金箔饰（L14：28）

3. Aa型Ⅰ式鱼形金箔饰（L14：272）

4. Aa型Ⅰ式鱼形金箔饰（L14：272）

5. Aa型Ⅰ式鱼形金箔饰（L14：166）

6. Aa型Ⅰ式鱼形金箔饰（L14：166）

7. B型圆形金箔饰（L14：59）

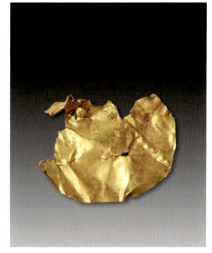

8. 金器残片（L14：269）

9. 金器残片（L14：53）

东区L14出土金器

1. 人面形器（L14：56）局部

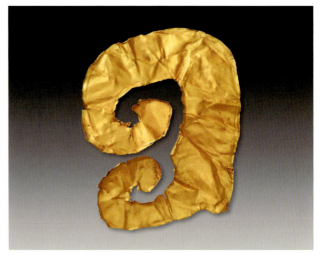

2. 人面形器（L14：56）局部

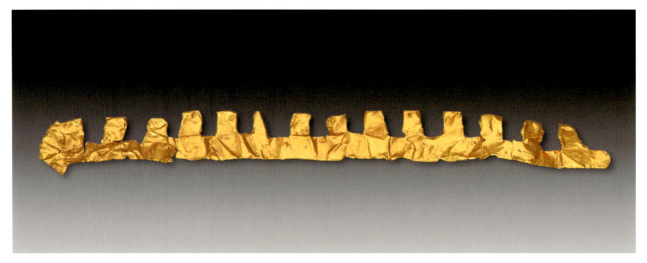

3. 锯齿形金饰（L14：81-1）

4. 锯齿形金饰（L14：81-2）

东区L14出土金器

1. L21

2. L21局部

东区L21

1. L22

2. L23

东区L22、L23

1. Ea型玉璋（L23：1）

2. Ea型玉璋（L23：1）

3. Ea型玉璋（L23：2）

4. A型石璧坯料（L23：12）

5. Aa型Ⅰ式鱼形金箔饰（L23：3）

6. Aa型Ⅰ式鱼形金箔饰（L23：3）

东区L23出土器物

1. L65象牙

2. L65象牙

东区L65象牙

1. B型陶盆形器（ⅠT8106⑨a：85）

2. 陶圈足豆（ⅠT8007⑨a：1）

3. B型玉镞（ⅠT8105⑨a：1）

4. Ea型玉璋（ⅠT8106⑨a：153）

5. 玉剑（ⅠT7908⑨a：1）

6. 玉矛残片（ⅠT8105⑨a：21）

东区第9a层出土器物

1. Ea型璋（ⅠT8106⑨a：147）　　　2. Ea型璋（ⅠT8106⑨a：197）　　　3. Ea型璋（ⅠT7908⑨a：15）

4. Aa型凿　　　　　　5. Ab型凿　　　　　　6. Ba型凿　　　　　　7. Ba型凿
（ⅠT8105⑨a：41）　　（ⅠT8105⑨a：57）　　（ⅠT8305⑨a：25）　　（ⅠT8305⑨a：25）

东区第9a层出土玉器

1. Aa型Ⅰ式玉璧（ⅠT8205⑨a：14）

2. Aa型Ⅰ式玉璧（ⅠT8205⑨a：14）

3. Aa型Ⅰ式玉璧（ⅠT8205⑨a：14）

4. Aa型Ⅰ式玉璧（ⅠT8205⑨a：13）

5. B型玉环
（ⅠT8106⑨a：57）

6. Aa型玉环
（ⅠT8106⑨a：193）

7. Ba型玉镯
（ⅠT8106⑨a：173）

8. Ba型玉镯
（ⅠT7908⑨a：6）

东区第9a层出土玉器

1. ⅠT8105⑨a：73

2. ⅠT8105⑨a：73

3. ⅠT8105⑨a：73

东区第9a层出土玉掏雕环链

1. 穿孔玉器（ⅠT8106⑨a：53）

2. 绿松石珠（ⅠT8202⑨a：1）

3. A型石璧坯料（ⅠT8007⑨a：326）

4. 美石（ⅠT7908⑨a：32-1）

5. 美石（ⅠT7908⑨a：32-1）

6. Ab型石斧（ⅠT7908⑨a：4）

7. Aa型石锛（ⅠT8106⑨a：16）

东区第9a层出土器物

1. ⅠT8206⑨a：1

2. ⅠT8206⑨a：1

3. ⅠT8206⑨a：1

东区第9a层出土铜人头

1. ⅠT8206⑨a：1

2. ⅠT8206⑨a：1局部

3. ⅠT8206⑨a：1

4. ⅠT8206⑨a：1

东区第9a层出土铜人头

1. Bb型镞（ⅠT8105⑨a：14）

2. 斧（ⅣT8105⑨a：2）

3. Aa型Ⅱ式圆角方孔形器（ⅠT8304⑨a：1）

4. Aa型Ⅱ式圆角方孔形器（ⅠT8304⑨a：1）

5. Aa型Ⅱ式圆角方孔形器（ⅠT8304⑨a：1）

东区第9a层出土铜器

1. 铜眼睛形器（ⅠT8106⑨a：12）

2. 骨珠（ⅠT8106⑨a：1）

3. 骨饰品（ⅠT8105⑨a：2）

4. 骨饰品（ⅠT8105⑨a：2）

5. 绿松石珠（ⅠT8006⑧d：15）

6. 玛瑙珠（ⅠT8006⑧d：18）

7. 铜器残片（ⅠT8007⑧c：2）

东区第8c、8d、9a层出土器物

1. 铜器残片（ⅠT8006⑧b：14）

2. Ea型玉璋（ⅠT8007⑧b：4）

3. D型铜锥形器（ⅠT8105⑧b：1）

4. Ab型铜铃（ⅠT8103⑧b：2）

5. Ab型铜铃（ⅠT8103⑧b：3）

6. Ba型Ⅰ式陶尖底盏（ⅠT8006⑧b：2）

东区第8b层出土器物

1. L20

2. Aa型石斧（L20：1+2）

3. Aa型石斧（L20：3+9）

东区L20及出土器物

1. L63：1   2. L63：1

东区L63出土肩扛象牙玉璋

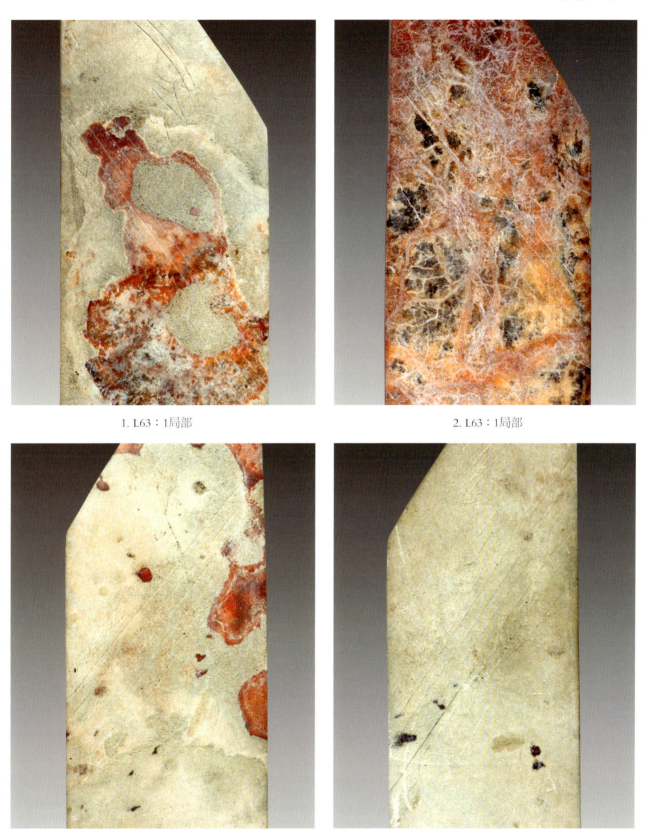

1. L63：1局部

2. L63：1局部

3. L63：1局部

4. L63：1局部

东区L63出土肩扛象牙玉璋

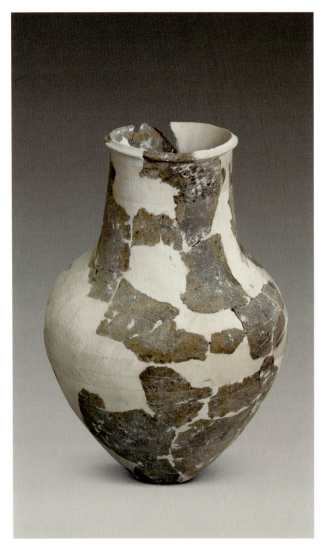

1. Ab型Ⅰ式高领罐（ⅠT8206⑧a：9）

2. Db型小平底罐（ⅠT8006⑧a：31）

4. 双折腹罐（ⅠT7808⑧a：1）

3. Ba型Ⅱ式尖底盏（ⅠT8006⑧a：38）

5. 帽形器（ⅠT8006⑧a：6）

东区第8a层出土陶器

1. Eb型玉璋（ⅠT8007⑧a：1）

2. 玉璋残件（ⅠT8103⑧a：2）

3. A型玉锛（ⅠT8007⑧a：31）

4. A型玉锛（ⅠT8007⑧a：31）

5. A型玉锛（ⅠT8007⑧a：31）

6. Ac型玉璧（ⅠT8103⑧a：13）

7. 绿松石珠（ⅠT8205⑧a：3）

东区第8a层出土玉器

1. Ba型戈（ⅠT8005⑧a：13）

2. Cb型戈（ⅠT8103⑧a：24）

3. Cb型戈（ⅠT8103⑧a：26）

6. C型镞（ⅠT8205⑧a：8）

4. Cb型戈（ⅠT8103⑧a：25）

5. Cb型戈（ⅠT8103⑧a：14）

7. C型镞（ⅠT8007⑧a：6）

东区第8a层出土铜器

1. Aa型锥形器（ⅠT8103⑧a：31）

2. Ac型锥形器（ⅠT8005⑧a：4）

3. B型铃（ⅠT8005⑧a：14）

4. B型铃（ⅠT8103⑧a：1）

5. Ab型璧（ⅠT8005⑧a：5）

6. Ac型Ⅰ式璧（ⅠT8103⑧a：3）

7. Ac型Ⅰ式璧（ⅠT8103⑧a：3）

东区第8a层出土铜器

1. Ac型Ⅰ式璧（ⅠT8205⑧a：1）

2. Ac型Ⅰ式璧（ⅠT7904⑧a：1）

3. Ac型Ⅱ式璧（ⅠT8103⑧a：4）

4. B型挂饰（ⅠT8103⑧a：15）

5. C型挂饰（ⅠT8105⑧a：7）

6. D型挂饰（ⅠT8103⑧a：23）

7. D型挂饰（ⅠT8103⑧a：22）

东区第8a层出土铜器

1. 椭圆形器（ⅠT8201⑧a：1）

2. 铜器残片（ⅠT8103⑧a：29）

3. 人耳（ⅠT8105⑧a：32）

4. 人耳（ⅠT8105⑧a：32）

东区第8a层出土铜器

1. L3

2. L3局部

东区L3

1. A型石璋半成品（L3：56）

2. Ba型石璋半成品（L3：4）

3. Ba型石璋半成品（L3：54）

4. Bb型石璋半成品（L3：48）

5. Bb型石璋半成品（L3：91）

6. 石圭（L3：75）

7. 绿松石珠（L3：131）

东区L3出土器物

1. 石圭（L3：84）

2. B型Ⅱ式石琮半成品（L3：151）

3. Bb型石璧（L3：1）

东区L3出土石器

1. L3 : 51

2. L3 : 51

3. L3 : 51

4. L3 : 51

东区L3出土B型 II 式石琮半成品

1. L7

2. Ba型玉凿（L12：2）

3. Ba型玉凿（L12：2）

东区L7及L12出土器物

1. Bb型玉凿（L12：18）

2. Bb型玉凿（L12：18）

3. Aa型铜戈（L12：10）

4. Ba型铜镞（L12：11）

5. 铜铃形饰（L12：13）

6. Ab型铜圆角方孔形器（L12：9）

东区L12出土器物

1. L18

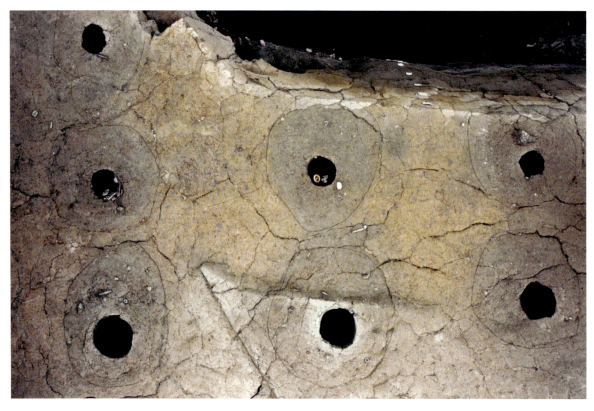

2. L18

东区L18

1. 玉戈残片（D1：6）　　　2. B型铜圆角方孔形器（D1：4）　　　3. Ba型玉镯（D1：1）

4. 玉器残片（D1：2）　　　5. 玉器残片（D1：2）　　　6. Aa型铜锥形器（D1：13）

7. B型铜铃（D1：10）　　　8. Aa型玉镯（D1：3）

东区L18出土器物

1. A型铜挂饰（D1：5）　　　　　　　　2. A型铜挂饰（D1：5）

3. H型铜挂饰（D1：12）　　　4. H型铜挂饰（D1：12）　　　5. Cb型玉凿（D2：5）

6. Aa型玉环（D2：4）　　　　　　　　7. 玉玦（D2：1）

东区L18出土器物

1. D2：8

2. D2：8

3. D2：8

4. D2：8

5. D2：8

6. D2：8

东区L18出土C型玉琮

1. Aa型玉镯（D2：6）

2. Aa型玉镯（D2：9）

3. 玉器坯料（D2：2）

4. Bb型铜璧（D2：7）

5. H型铜挂饰（D2：15）

6. 磨石（D3：1）

7. 铜器残片（D3：4）

东区L18出土器物

1. Ab型玉戈（D4：7）

2. Cb型铜戈（D5：6）

3. 铜鸟头（D5：1）

4. 玉璋残片（D4：6）

5. 磨石（D4：5）

6. B型玉矛（D5：17）

东区L18出土器物

1. D型钺（D5：19）

2. Ac型凿（D5：2）

3. Ab型璧（D5：16）

4. Ab型璧（D5：16）

5. Ab型璧（D5：16）

东区L18出土玉器

1. 铜扉棱（D5：7）

2. 美石（D6：6）

3. 玉器残片（D6：1）

4. Ba型玉凿（D7：3）

5. Ba型玉凿（D7：3）

6. B型铜圈足残片（D7：2）

7. 美石（D7：1）

8. C型铜挂饰（D6：3）

东区L18出土器物

1. D6：2

2. D6：2

东区L18出土铜鸟

1. L8①

2. L8②

东区L8

1. L8③

2. L8③

东区L8

1. L8③器物出土情况

2. L8③器物出土情况

3. L8③器物出土情况

东区L8

1. L8④

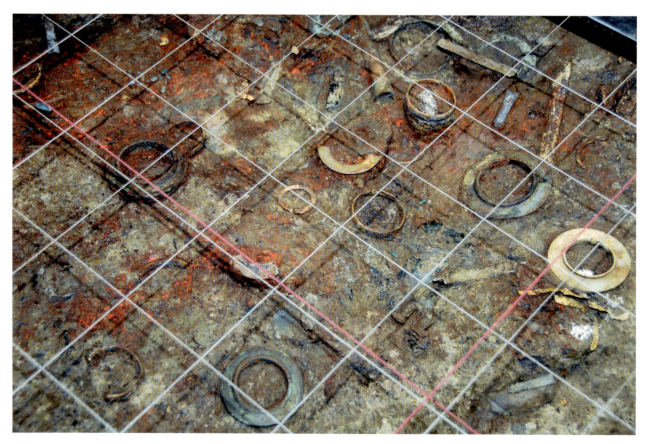

2. L8④

东区L8

1. L8④局部

2. L8⑤

东区L8

1. A型镞（L8①：21）　　2. A型镞（L8①：18）

5. Aa型环（L8①：24）

6. Ba型镯（L8①：5）

3. Ea型璋（L8①：8）　　4. Ea型璋（L8①：12）

7. Ba型镯（L8①：59）

东区L8①层出土玉器

1. C型玉镯（L8①：20）

2. 绿松石珠（L8①：33）

3. 玉片（L8①：53）

4. Aa型铜璧（L8①：27）

5. Aa型Ⅰ式铜圆角方孔形器（L8①：51） 6. Aa型Ⅰ式铜圆角方孔形器（L8①：52）

7. Ab型铜戈（L8①：46）

东区L8①层出土器物

1. L8①：10

2. L8①：10

3. L8①：10

4. L8①：10

5. L8①：10

东区L8①层出土铜人头

1. A型铜眼泡（L8①：9）

2. A型铜眼泡（L8①：9）

3. D型玉镯（L8②：90）

4. Aa型玉环（L8②：54）

5. 玉珠（L8②：26）

6. Aa型石斧（L8②：69）

7. D型石斧（L8②：53）

东区L8①、L8②层出土器物

1. Aa型石锛（L8②：63）

2. Aa型Ⅰ式铜璧（L8②：8）

3. Aa型Ⅰ式铜璧（L8②：10）

4. Ab型铜圆角方孔形器（L8②：7）

5. Ab型鱼形金箔饰
（L8②：78）

6. Ab型鱼形金箔饰
（L8②：78）

东区L8②层出土器物

1. Ea型璋（L8③：45）　　2. Ea型璋（L8③：45）　　3. Ea型璋（L8③：38）

4. Ea型璋（L8③：38）　　5. Ab型凿（L8③：72）　　6. Ab型凿（L8③：72）

7. Aa型镯（L8③：60）　　　　　8. D型镯（L8③：66）

东区L8③层出土玉器

1. Ac型Ⅱ式铜璧（L8③：69）

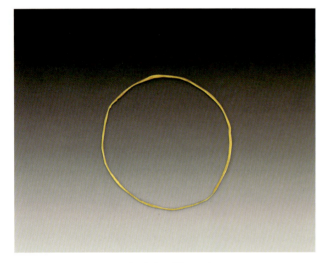

2. 金环（L8③：61）

3. 金环（L8③：61）

4. 素面环形金饰（L8③：2）

5. Ab型鱼形金箔饰（L8③：51）

东区L8③层出土器物

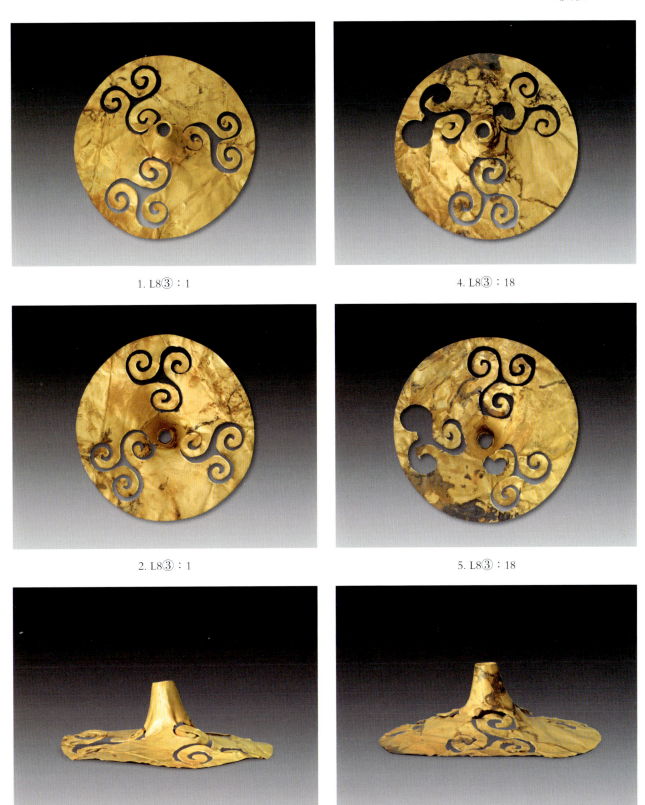

1. L8③:1

4. L8③:18

2. L8③:1

5. L8③:18

3. L8③:1

6. L8③:18

东区L8③层出土A型喇叭形金饰

1. L8③：26

2. L8③：26

东区L8③层出土人面形金器

1. Ea型璋（L8④：4）

2. Ea型璋（L8④：52）

3. Bb型凿（L8④：7）

4. Aa型Ⅱ式璧（L8④：2）

5. Aa型Ⅱ式璧（L8④：2）

6. Aa型Ⅱ式璧（L8④：2）

7. Aa型Ⅱ式璧（L8④：2）

东区L8④层出土玉器

1. Aa型镯（L8④：43）

3. Ab型镯（L8④：18）

5. Ab型镯（L8④：11）

2. Aa型镯（L8④：43）

4. Ab型镯（L8④：18）

6. 绿松石珠（L8④：54）

7. 绿松石珠（L8④：55-1）

8. 绿松石珠（L8④：55-1）

东区L8④层出土玉器

1. Ab型石斧（L8④：75）

2. Ab型石斧（L8④：75）

3. Ac型Ⅱ式铜璧（L8④：5）

4. A型铜眼泡（L8④：50）

5. A型铜眼泡（L8④：50）

6. B型铜眼泡（L8④：74）

东区L8④层出土器物

L8④：66

东区L8④层出土铜人面形器

1. L8④：66局部

2. L8④：66局部

3. L8④：66局部

4. L8④：66局部

5. L8④：66背面

东区L8④层出土铜人面形器

1. L8④：44

2. L8④：44

3. L8④：44

4. L8④：44

东区L8④层出土D型铜锥形器

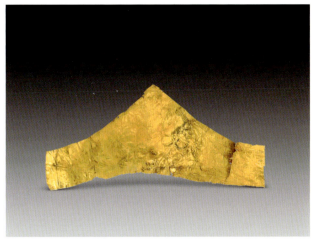

1. B型条形金饰（L8④：30）

2. B型条形金饰（L8④：30）

3. 素面环形金饰（L8④：1）

4. 蛇纹金箔（L8④：13）

5. 蛇纹金箔（L8④：13）

东区L8④层出土金器

1. L8④：58

2. L8④：58

东区L8④层出土B型金面具

1. L8④：58

2. L8④：58

3. L8④：58

东区L8④层出土B型金面具

1. Aa型Ⅰ式鱼形金箔饰（L8④：51）

2. Aa型Ⅰ式鱼形金箔饰（L8④：51）

3. Ab型鱼形金箔饰（L8④：33）

4. Ab型鱼形金箔饰（L8④：41）

5. 金器残片（L8④：38）

6. 金器残片（L8④：38）

东区L8④层出土金器

1. Aa型Ⅱ式玉璧（L8⑤：7）

2. Ac型玉璧（L8⑤：35）

3. C型玉镯（L8⑤：8）

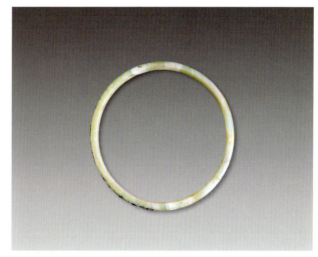

4. C型玉镯（L8⑤：44）

5. Aa型玉环（L8⑤：9）

6. Ab型铜璧（L8⑤：24）

东区L8⑤层出土器物

1. Ac型Ⅰ式铜璧（L8⑤：20）

2. Ac型Ⅱ式铜璧（L8⑤：32）

3. 铜立人像（L8⑤：12）

4. 铜立人像（L8⑤：12）

东区L8⑤层出土铜器

1. Ca型Ⅱ式尖底杯（ⅠT7611⑦：10）

2. Cb型Ⅰ式尖底杯（ⅠT7611⑦：14）

3. Ca型Ⅱ式尖底杯（ⅠT7611⑦：11）

4. Cb型Ⅱ式尖底罐（ⅠT7611⑦：23）

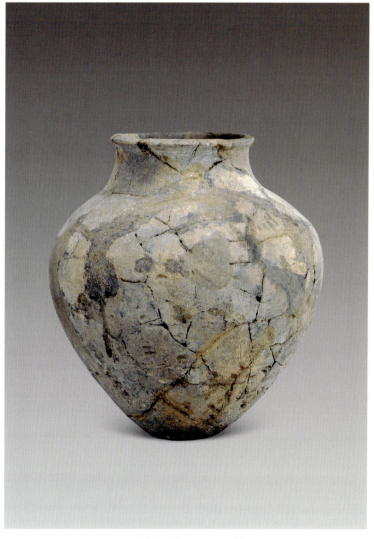

5. B型Ⅱ式矮领罐（ⅠT8206⑦：11）

东区第7层出土陶器

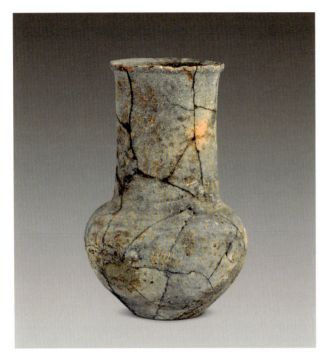

1. D型陶瓶（ⅠT7611⑦：5）

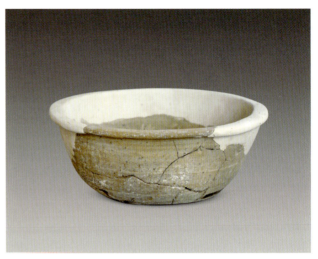

2. Cd型陶盆（ⅠT8007⑦：285）

3. C型陶盘（ⅠT8105⑦：334）

4. E型陶器座（ⅠT7611⑦：257）

5. Ab型玉戈（ⅠT8405⑦：22）

6. Eb型玉戈（ⅠT7710⑦：10）

东区第7层出土器物

1. Ab型戈（ⅠT8007⑦：9）

2. Ab型戈（ⅠT8007⑦：9）

3. B型矛（ⅠT7610⑦：4）

4. Ca型矛（ⅠT8206⑦：70）

东区第7层出土玉器

1. E型钺（ⅠT7809⑦：11）　　2. E型钺（ⅠT7809⑦：11）　　3. Cc型璋（ⅠT8004⑦：47）

4. F型钺（ⅠT7810⑦：12）

5. F型钺（ⅠT7810⑦：12）　　6. Cc型璋（ⅠT8004⑦：2）　　7. Cc型璋（ⅠT8004⑦：2）

东区第7层出土玉器

1. A型（ⅠT7710⑦：14）

2. A型（ⅠT7710⑦：14）

3. A型（ⅠT7710⑦：15）

4. A型（ⅠT7710⑦：15）

5. C型（ⅠT8009⑦：6）

6. C型（ⅠT8009⑦：6）

东区第7层出土玉斧

1. D型斧（ⅠT7805⑦：4）

2. D型斧（ⅠT7805⑦：4）

3. D型斧（ⅠT7811⑦：2）

4. D型斧（ⅠT7811⑦：2）

5. A型锛（ⅠT8206⑦：34）

6. A型锛（ⅠT8206⑦：34）

东区第7层出土玉器

1. ⅠT7909⑦：8

2. ⅠT7909⑦：8

3. ⅠT7610⑦：5

4. ⅠT7610⑦：5

5. ⅠT8105⑦：8

6. ⅠT8105⑦：8

东区第7层出土A型玉锛

1. B型锛（ⅠT7810⑦：14）　　　2. C型锛（ⅠT7811⑦：3）　　　3. D型锛（ⅠT7811⑦：5）

4. A型锛形器（ⅠT7809⑦：9）　　5. B型锛形器（ⅠT7906⑦：1）　　6. B型锛形器（ⅠT7906⑦：1）

东区第7层出土玉器

1. C型锛形器（ⅠT8206⑦：8）

2. Aa型凿（ⅠT8206⑦：37）

3. Ab型凿（ⅠT8206⑦：38）

4. Ac型凿（ⅠT8304⑦：1）

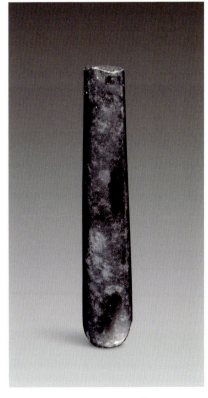

5. Ba型凿（ⅠT7607⑦：2）

6. Ba型凿（ⅠT7607⑦：2）

东区第7层出土玉器

1. Ba型（ⅠT8103⑦：12）

2. Ba型（ⅠT8003⑦：40）

3. Bb型（ⅠT7805⑦：3）

4. Bb型（ⅠT7805⑦：3）

5. Bb型（ⅠT8004⑦：10）

6. Bb型（ⅠT8004⑦：10）

东区第7层出土玉凿

1. ⅠT8003⑦：44 2. ⅠT8003⑦：44 3. ⅠT8105⑦：36

4. ⅠT8105⑦：42 5. ⅠT8105⑦：39 6. ⅠT8105⑦：39

东区第7层出土Bb型玉凿

2. Ca型凿（ⅠT7810⑦：4）　3. Ca型凿（ⅠT8206⑦：55）　4. Ca型凿（ⅠT8206⑦：55）

1. Bb型凿（ⅠT8203⑦：1）

5. Cb型凿（ⅠT8205⑦：36）　　6. Aa型凹刃凿形器（ⅠT8206⑦：52）　　7. Aa型凹刃凿形器（ⅠT8206⑦：52）

东区第7层出土玉器

1. Ba型凹刃凿形器
（ⅠT8003⑦：21）

2. Ba型凹刃凿形器
（ⅠT8003⑦：21）

3. Ba型凹刃凿形器
（ⅠT8206⑦：17）

4. Ba型凹刃凿形器
（ⅠT8206⑦：17）

5. Cb型凹刃凿形器
（ⅠT7909⑦：11）

6. 玉凿半成品
（ⅠT8003⑦：24）

7. 玉凿半成品
（ⅠT8003⑦：24）

东区第7层出土玉器

1. Ba型（ⅠT8003⑦：40）　　2. Ba型（ⅠT8003⑦：40）　　3. Bc型（ⅠT8004⑦：1）

4. Bc型（ⅠT8004⑦：1）　　5. Ca型（ⅠT8003⑦：5）　　6. Ca型（ⅠT8206⑦：49）

东区第7层出土玉凹刃凿形器

1. 菱形器（ⅠT7710⑦：12）

2. Bb型琮（ⅠT8103⑦：20）

3. Bb型琮（ⅠT8205⑦：23）

4. Bb型琮（ⅠT8106⑦：8）

6. Aa型箍形器（ⅠT8007⑦：8）

5. Aa型Ⅰ式璧（ⅠT8206⑦：14）

7. Ab型箍型器（ⅠT8004⑦：6）

东区第7层出土玉器

1. ⅠT8003⑦：28

2. ⅠT8004⑦：61

3. ⅠT8004⑦：61

4. ⅠT8004⑦：61

5. ⅠT8003⑦：48

6. ⅠT8003⑦：48

东区第7层出土Ac型玉璧

1. Af型（ⅠT7710⑦：11）

2. Af型（ⅠT7710⑦：11）

3. Af型（ⅠT7710⑦：4）

4. Ba型（ⅠT8003⑦：33）

5. Bb型（ⅠT8103⑦：35）

6. Bb型（ⅠT8103⑦：35）

东区第7层出土玉璧

1. Bc型璧（ⅠT8206⑦：24）

2. Ba型镯（ⅠT8003⑦：29）

3. Ba型镯（ⅠT7905⑦：1）

4. Ba型镯（ⅠT7905⑦：1）

5. Ba型镯（ⅠT8003⑦：43）

6. Ba型镯（ⅠT8003⑦：43）

东区第7层出土玉器

1. ⅠT8004⑦：4

2. ⅠT8004⑦：4

3. ⅠT8103⑦：15

4. ⅠT8103⑦：15

东区第7层出土玉椭圆形器

1. 绿松石珠（ⅠT8004⑦：34）　　2. 绿松石珠（ⅠT8004⑦：34）　　3. 绿松石珠（ⅠT8005⑦：54）

4. 绿松石珠　　　　5. 绿松石珠　　　　6. 玛瑙珠　　　　7. 玛瑙珠
（ⅠT8005⑦：54）　（ⅠT8307⑦：1）　（ⅠT8005⑦：58）　（ⅠT8005⑦：58）

10. 绿松石珠（ⅠT8106⑦：14）

8. 绿松石珠（ⅠT8106⑦：14）　　9. 绿松石珠（ⅠT8106⑦：14）

11. 玉珠（ⅠT8005⑦：64）　　12. 玉海贝佩饰（ⅣT8301⑦：2）　　13. 玉坠饰（ⅠT8205⑦：51）

东区第7层出土玉器

1. 美石（ⅠT8002⑦：5）

4. 瓶形器（ⅠT7809⑦：13）

2. 磨石（ⅠT8005⑦：17）

5. 瓶形器（ⅠT7809⑦：13）

3. 磨石（ⅠT8005⑦：17）

东区第7层出土玉器

1. Bb型斧（ⅠT8009⑦：7）

2. D型斧（ⅠT8206⑦：31）

3. Aa型锛（ⅠT7710⑦：5）

4. Ba型锛（ⅠT7911⑦：2）

5. C型锛（ⅠT7911⑦：3）　　6. B型凿（ⅠT7809⑦：10）　　7. Cb型凿（ⅠT7810⑦：11）

东区第7层出土石器

1. 石多璜联璧（ⅠT8004⑦：55）

3. Aa型铜戈（ⅠT8206⑦：22）

2. C型石璧半成品（ⅠT8305⑦：17）

4. Aa型铜戈（ⅠT8206⑦：22）

5. Aa型铜戈（ⅠT8105⑦：62）

6. Aa型铜戈（ⅠT8206⑦：48）

7. Ab型铜戈（ⅠT8207⑦：2）

8. Ba型铜戈（ⅠT8005⑦：59）

东区第7层出土器物

1. Ba型（ⅠT8005⑦：49）

2. Ba型（ⅠT8003⑦：3）

3. Bb型（ⅠT8103⑦：40）

4. Bb型（ⅠT8205⑦：10-1）

5. Bb型（ⅠT8105⑦：4）

6. Cb型（ⅠT8206⑦：61）

7. Cb型（ⅠT8205⑦：13）

8. Cb型（ⅠT8205⑦：9）

东区第7层出土铜戈

1. Aa型镞（ⅠT8010⑦：1）　　2. Ab型镞（ⅠT7711⑦：1）　　3. Ba型镞（ⅠT7904⑦：3）　　4. Ba型镞（ⅠT8106⑦：44）

5. Aa型锥形器
（ⅠT8103⑦：10）

6. Aa型锥形器
（ⅠT8105⑦：66）

7. Ab型锥形器
（ⅠT8103⑦：1）

8. Ab型锥形器
（ⅠT8005⑦：12）

东区第7层出土铜器

1. Ac型锥形器（ⅠT8003⑦：37）

2. Aa型铃（ⅠT8005⑦：57）

3. Aa型铃（ⅠT8106⑦：24）

4. Ab型铃（ⅠT8005⑦：67）

5. B型铃（ⅠT8004⑦：36）

6. C型铃（ⅠT8206⑦：47）

东区第7层出土铜器

1. Ac型Ⅰ式璧（ⅠT8206⑦：71）

2. Ba型璧（ⅠT8206⑦：73）

3. Bb型璧（ⅠT8106⑦：23）

4. B型环形器（ⅠT8103⑦：44）

5. A型挂饰（ⅠT8004⑦：18）

6. A型挂饰（ⅠT8005⑦：14）

7. A型挂饰（ⅠT8005⑦：50）

东区第7层出土铜器

1. B型（ⅠT8105⑦：82）

2. B型（ⅠT8105⑦：82）

3. C型（ⅠT8105⑦：87）

4. E型（ⅠT8106⑦：55）

5. C型（ⅠT8005⑦：79）

6. C型（ⅠT8005⑦：79）

东区第7层出土铜挂饰

1. E型（ⅠT8005⑦：80）

2. G型（ⅠT8005⑦：5）

3. F型（ⅠT8106⑦：54）

4. F型（ⅠT8106⑦：54）

5. H型（ⅠT8005⑦：11）

6. J型（ⅠT8004⑦：43）

7. F型（ⅠT8106⑦：32）

东区第7层出土铜挂饰

1. ⅠT7809⑦：5

2. ⅠT7809⑦：5

东区第7层出土铜方形器

1. ⅠT7809⑦：5   2. ⅠT7809⑦：5

3. ⅠT7809⑦：5

4. ⅠT7809⑦：5

东区第7层出土铜方形器

1. Aa型Ⅰ式（ⅠT8105⑦：37）

2. Aa型Ⅰ式（ⅠT8106⑦：9）

3. Aa型Ⅱ式（ⅠT8105⑦：20）

4. Aa型Ⅱ式（ⅠT8205⑦：38）

5. Aa型Ⅱ式（ⅠT8106⑦：47）

6. Aa型Ⅱ式（ⅠT8206⑦：20）

7. B型（ⅠT8205⑦：14）

东区第7层出土铜圆角方孔形器

1. Ⅰ T8206⑦：46

2. Ⅰ T8206⑦：46

东区第7层出土铜鸟

1. ⅠT8205⑦：48

3. ⅠT8205⑦：48

2. ⅠT8205⑦：48

4. ⅠT8205⑦：48

东区第7层出土铜鸟

1. 鸟（ⅠT8105⑦：92）

2. 鸟（ⅠT8105⑦：92）

3. 蝉（ⅠT7809⑦：6）

4. 鸟（ⅠT7810⑦：1）

5. 罍（ⅠT7607⑦：1）

6. 尊（ⅠT8004⑦：60）

东区第7层出土铜器

1. 牛首（ⅠT8206⑦：45）

4. 尊（ⅠT7913⑦：1）

2. 牛首（ⅠT8206⑦：45）

5. 尊（ⅠT7913⑦：1）

3. 牛首（ⅠT8206⑦：45）

6. 尊（ⅠT8105⑦：34）

东区第7层出土铜器

1. ⅠT8405⑦：16

2. ⅠT8405⑦：16

3. ⅠT8405⑦：16

4. ⅠT8405⑦：16

5. ⅠT8405⑦：16

东区第7层出土铜灵猫

1. ⅠT8004⑦：37

2. ⅠT8004⑦：37

东区第7层出土铜怪兽

1. Ⅰ T8004⑦：37

2. Ⅰ T8004⑦：37

3. Ⅰ T8004⑦：37

4. Ⅰ T8004⑦：37

东区第7层出土铜怪兽

1. 铜牌饰（ⅠT7804⑦：1）

2. 铜扉棱（ⅠT8106⑦：56）

3. 铜圈足（ⅠT8103⑦：11（左侧）和ⅠT8205⑦：26（右侧））

4. 铜圈足（ⅠT8103⑦：11（右侧）和ⅠT8205⑦：26（左侧））

5. 铜器残片（ⅠT8004⑦：59）

6. 蛙形金饰（ⅠT8003⑦：32）

7. 蛙形金饰（ⅠT8003⑦：32）

东区第7层出土器物

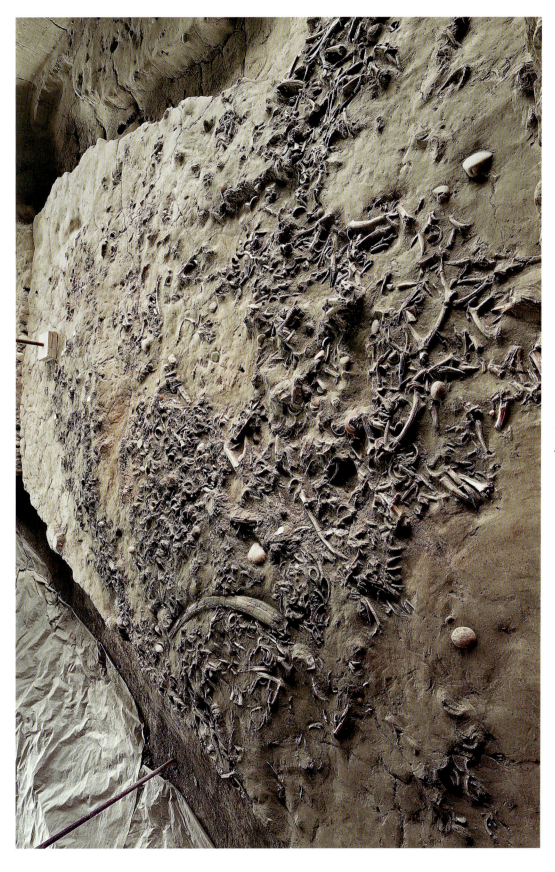

东区L2

东区L2

1. L2局部

2. L2局部

东区L2

1. L2局部

2. L2局部

东区L2

1. L2局部

2. L2局部

东区L2

1. L2局部

2. L2局部

东区L2

1. L2局部

2. L2局部

东区L2

1. Ad型璧（L2：2-1）　　2. Af型璧（L2：19-1）　　3. C型锛（L2：9）

4. D型锛（L2：4）　　5. D型锛（L2：18）

6. Ac型凿（L2：10）　　7. Bc型凿（L2：1-3）　　8. 玉凿半成品（L2：11）

东区L2出土玉器

1. 玉料（L2：7）

2. Bb型石锛（L2：1-2）

3. Bb型铜镞（L2：20）

4. C型石锛（L2：1-1）

5. 奇石（L2：22）

6. Ca型石凿（L2：5）

7. Ca型铜戈（L2：13）

东区L2出土器物

1. L6①

2. L6②

3. L6③

东区L6

1. L6③蝉纹玉片出土情况

2. L6④

东区 L6

1. Aa型戈（L6：299）

2. B型矛（L6：166）　　　　3. B型矛（L6：244）　　　　4. B型矛（L6：244）

东区L6出土玉器

1. Cc型璋（L6：116）   2. Cc型璋（L6：116）   3. 玉璋残片（L6：79）

4. D型锛形器（L6：179）   5. B型斧（L6：171）   6. B型斧（L6：171）

东区L6出土玉器

1. Aa型（L6：163）

2. Ba型（L6：101）

3. Bb型（L6：178）

4. Bb型（L6：267）

东区L6出土玉凿

1. Bb型（L6：49）

2. Bb型（L6：78）

3. Bb型（L6：92）

4. Bb型（L6：86）

5. Bb型（L6：180）

6. Bb型（L6：106）

7. Bb型（L6：326）

8. Ca型（L6：62）

东区L6出土玉凿

1. Bc型凹刃凿形器（L6：176）

2. Bc型凹刃凿形器（L6：176）

3. Bb型凹刃凿形器（L6：46）

4. Ab型璧（L6：66）

5. Aa型Ⅱ式璧（L6：175）

6. Aa型Ⅱ式璧（L6：175）

东区L6出土玉器

1. Ac型（L6：130）

2. Ad型（L6：93）

3. Ad型（L6：88）

东区L6出土玉璧

1. Ba型璧（L6：67）

2. 磨石（L6：91）

3. 磨石（L6：91）

东区L6出土玉器

1. Aa型镯（L6：289）

2. C型镯（L6：84）

3. 美石（L6：342）

4. 美石（L6：237）

5. 美石（L6：61）

6. 美石（L6：98）

东区L6出土玉器

L6：174

东区L6出土蝉纹玉片

1. Ba型戈（L6：303）

2. Ba型戈（L6：311）

3. Bb型戈（L6：165）

4. Cb型戈（L6：346）

5. Aa型锥形器（L6：343）

6. Aa型锥形器（L6：228）

7. Ac型锥形器（L6：253）

东区L6出土铜器

1. Ab型铃（L6：155）

2. B型铃（L6：255）

3. Ab型璧（L6：265）

4. Bc型璧（L6：149）

5. B型环形器（L6：332）

6. A型挂饰（L6：291）

东区L6出土铜器

1. A型挂饰（L6：224）

2. J型挂饰（L6：320）

3. Aa型Ⅱ式圆角方孔形器（L6：286）

4. Aa型Ⅱ式圆角方孔形器（L6：161）

5. H型挂饰（L6：250）

6. Aa型Ⅱ式圆角方孔形器（L6：347）

7. B型圆角方孔形器（L6：222）

东区L6出土铜器

1. B型铜圆角方孔形器（L6：148）

5. Ab型鱼形金箔饰（L6：337）

2. 铜器残片（L6：238）

3. 铜器残片（L6：125）

6. Ab型鱼形金箔饰（L6：337）

4. 铜鸟（L6：167）

东区L6出土器物

1. L4

2. L4器物出土情况

东区L4

1. Ab型戈（L4∶2）

2. Ab型戈（L4∶2）

3. Ab型戈（L4∶8）

5. B型矛（L4∶9）

4. 玉璋残件（L4∶4）

6. B型矛（L4∶9）

东区L4出土玉器

1. Aa型玉凿（L4：5）

2. Aa型玉凿（L4：5）

3. Ab型玉凿（L4：11）

4. Bb型玉凿（L4：10）

5. Aa型Ⅱ式玉璧（L4：12）

8. Bb型石璋半成品（L4：150）

6. 磨石（L4：13）

7. 玉料（L4：6）

东区L4出土器物

1. L5

3. Aa型玉凹刃凿形器（L5：1）

2. L5器物出土情况

4. Aa型玉凹刃凿形器（L5：1）

东区L5及出土器物

1. L9

2. L9玉璋出土情况

东区L9

1. Ab型璋（L9∶1）

2. Ab型璋（L9∶1）

3. 磨石（L9∶3）

4. 磨石（L9∶3）

东区L9出土玉器

1. Ab型玉璋（L9：2）

2. Ab型玉璋（L9：2）

3. 美石（L9：5）

4. Aa型Ⅰ式铜圆角方孔形器（L9：10）

东区L9出土器物

1. L10

2. L10

东区L10

1. Aa型铜戈（L10：33）

2. Aa型铜戈（L10：33）

3. B型玉斧（L10：30）　　　　　　4. B型玉斧（L10：30）

东区L10出土器物

L10：16

东区L10出土肩扛象牙玉璋

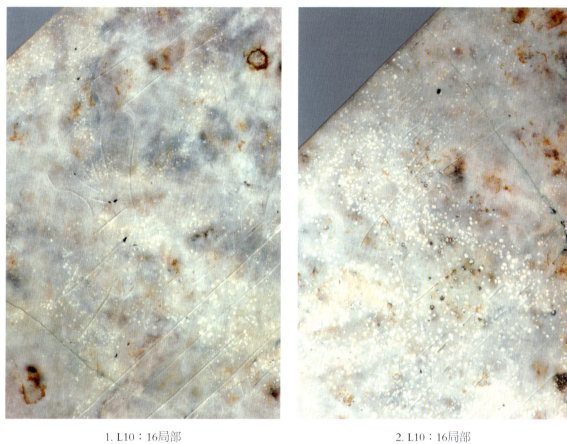

1. L10：16局部　　　　　　　　　　　　2. L10：16局部

3. L10：16局部

东区L10出土肩扛象牙玉璋

1. L10：14　　　　　2. L10：17　　　　　3. L10：17

4. L10：18　　　　　5. L10：23　　　　　6. L10：24

东区L10出土Bb型玉凿

1. L10：19

2. L10：19

3. L10：20

4. L10：20

东区L10出土玉料

1. L62

2. 石磬（L62：1）

东区L62及出土石磬

1. L62：2

2. L62：2

东区L62出土石磬

1. G1

3. D型玉琮（G1：26）

2. G1玉璋残件出土情况

4. 美石（G1：28）

5. 美石（G1：27）

东区G1及出土器物

4. 玉料（G1：12）

5. 玉料（G1：12）

1. 玉璋残件（G1：23）　　　　2. 玉璋残件（G1：23）

3. 玉璋残件（G1：23）局部　　　　6. Cb型凿（G1：24）

东区G1出土玉器

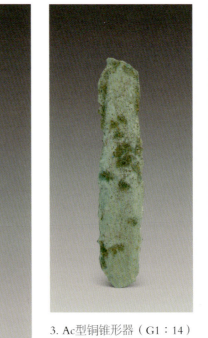

3. Ac型铜锥形器（G1：14）

4. Ab型铜铃（G1：8）

1. 石条（G1：10）

2. Aa型铜锥形器（G1：5）

5. Ba型铜戈（G1：17）

6. 铜圆角长方形板（G1：16）

7. A型铜挂饰（G1：3）

8. C型铜挂饰（G1：13）

9. D型铜挂饰（G1：21）

东区G1出土器物

1. Cc型Ⅱ式陶尖底盏（ⅠT7809⑥：8）

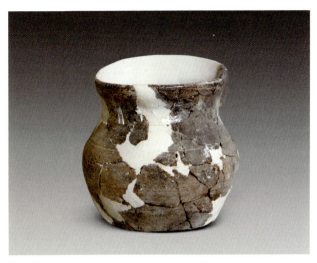

2. A型Ⅰ式陶盘口罐（ⅠT7707⑥：43）

3. Ba型陶杯（ⅠT7809⑥：33）

4. A型Ⅰ式陶盘口罐（ⅠT8106⑥：35）

5. Cb型陶圈足（ⅠT8004⑥：13）

6. D型玉锛（ⅠT7907⑥：2）

7. D型玉璋（ⅠT8104⑥：35）

东区第6层出土器物

1. C型锛（ⅠT8307⑥：5）

2. Ab型凿（ⅠT8004⑥：1）

3. Ba型凿（ⅠT8103⑥：2）

4. Ba型凿（ⅠT8104⑥：25）

5. Ba型凿（ⅠT8104⑥：25）

6. Bb型凿（ⅠT8104⑥：22）

7. Bb型凿（ⅠT8104⑥：22）

东区第6层出土玉器

1. Bb型凿（ⅠT8206⑥：1）

2. Bb型凿（ⅠT8004⑥：3）

3. Bb型凿（ⅠT8104⑥：3）

4. Bb型凿（ⅠT8104⑥：24）

5. Ca型凿（ⅠT8104⑥：2）

6. Bc型凹刃凿形器（ⅠT8104⑥：38）

东区第6层出土玉器

1. 角形器（ⅠT8301⑥：7）

2. Ba型琮（ⅠT8202⑥：3）

3. C型琮（ⅠT8003⑥：3）

4. C型琮（ⅠT8003⑥：3）

5. C型琮（ⅠT8003⑥：3）

6. D型琮（ⅠT8003⑥：5）

7. 剑璏形器（ⅠT8102⑥：1）

东区第6层出土玉器

1. ⅠT8104⑥：19

2. ⅠT8104⑥：19

3. ⅠT8104⑥：19

4. ⅠT8104⑥：19

5. ⅠT8104⑥：19

6. ⅠT8104⑥：19

东区第6层出土D型玉琮

1. Aa型Ⅰ式（ⅠT8104⑥：28）

2. Aa型Ⅰ式（ⅠT8106⑥：12）

3. Aa型Ⅱ式（ⅠT8104⑥：21）

4. Ac型（ⅠT8003⑥：1）

5. Ac型（ⅠT8003⑥：1）

6. Ac型（ⅠT8003⑥：1）

东区第6层出土玉璧

1. Af型璧（ⅠT7705⑥：1）

2. Af型璧（ⅠT7705⑥：1）

3. Aa型环（ⅠT8104⑥：27）

4. Ab型环（ⅠT8106⑥：1）

5. Aa型环（ⅠT7903⑥：3）

6. Aa型镯（ⅠT8103⑥：5）

东区第6层出土玉器

1. Aa型镯（ⅠT8104⑥：36）

2. Ab型镯（ⅠT8104⑥：13）

3. Ab型镯（ⅠT8104⑥：34）

4. Ab型镯（ⅠT8104⑥：30）

5. Ab型镯（ⅠT8206⑥：2）

6. 美石（ⅠT8008⑥：2）

东区第6层出土玉器

1. 磨石（ⅠT7907⑥：6）

2. 磨石（ⅠT7907⑥：6）

3. 玉器残片（ⅠT7509⑥：2）

4. 玉器残片（ⅠT8002⑥：1）

5. Ab型石矛（ⅠT8406⑥：3）

6. Aa型石斧（ⅠT7609⑥：2）

东区第6层出土器物

1. C型石斧（ⅠT7807⑥：1）

2. Ab型石锛（ⅠT7609⑥：1）

3. Ba型铜镞（ⅣT8303⑥：1）

4. Ca型铜戈（ⅠT8005⑥：1）

5. Aa型铜锥形器（ⅠT8005⑥：8）

6. B型铜锥形器（ⅠT8104⑥：9）

7. A型铜长条形器（ⅠT8406⑥：1）

东区第6层出土器物

1. Ac型Ⅱ式璧（ⅠT8003⑥：12）

2. A型环形器（ⅠT8003⑥：4）

3. A型挂饰（ⅠT8303⑥：1）

4. Aa型Ⅱ式圆角方孔形器
（ⅠT7908⑥：4）

5. B型眼泡（ⅠT8003⑥：13）

6. 铜鸟（ⅠT8003⑥：11-3、ⅠT8003⑥：11-4）（左一右）

7. B型鱼形器（ⅠT7809⑥：12-2）

东区第6层出土铜器

1. ⅠT8406⑥：2

2. ⅠT8406⑥：2

东区第6层出土铜貘首

1. Bd型Ⅱ式尖底盏（ⅠT7609⑤：22）

2. Bd型Ⅱ式尖底盏（ⅠT7609⑤：29）

3. Cc型Ⅰ式尖底盏（ⅠT7609⑤：4-1）

4. Cc型Ⅰ式尖底盏（ⅠT7609⑤：3）

5. Cc型Ⅱ式尖底盏（ⅠT7609⑤：4-2）

6. Cc型Ⅱ式尖底盏（ⅠT7609⑤：39-2）

7. Cc型Ⅱ式尖底盏（ⅠT7609⑤：7）

8. B型长颈罐（ⅠT7609⑤：23）

东区第5层出土陶器

1. A型Ⅰ式陶盘口罐（ⅠT7609⑤：15）

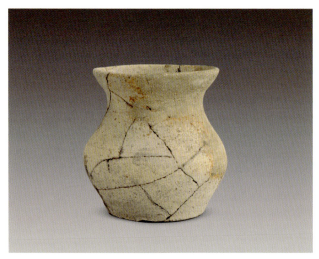

2. A型Ⅰ式陶盘口罐（ⅠT7609⑤：24）

3. A型Ⅰ式陶盘口罐（ⅠT7509⑤：3）

5. Ab型玉戈（ⅠT8106⑤：1）

4. A型Ⅱ式陶盘口罐（ⅠT7609⑤：10）

6. Ab型玉戈（ⅠT8106⑤：1）

东区第5层出土器物

1. B型锛（ⅠT7506⑤：1）

2. B型锛（ⅠT7506⑤：1）

3. B型锛（ⅠT7801⑤：2）

4. B型锛（ⅠT7801⑤：2）

5. 美石（ⅠT7607⑤：2-2）

6. 玉器残片（ⅠT8010⑤：1）

东区第5层出土玉器

1. Ba型石锛（ⅠT7607⑤：1）　　2. Ba型石锛（ⅠT7607⑤：1）　　3. Ba型石锛（ⅠT8001⑤：1）

4. Ba型石斧（ⅠT7810⑤：3）　　5. Ab型铜镞（ⅠT8307⑤：1）

7. B型石虎（ⅠT7507⑤：1）　　　　　　6. A型石凿（ⅠT7803⑤：1）

东区第5层出土器物

1. 铜虎（ⅠT7509⑤：9）

2. 铜器残件（ⅠT8002⑤：1）

3. 铜器残件（ⅠT8404⑤：1）

4. Bd型Ⅱ式陶尖底盏（ⅠT8301古河道：1）

5. 绿松石珠（ⅠT8307古河道：6）

6. Bb型铜镞（ⅠT8307古河道：21）

东区第5层及古河道出土器物

1. ⅣT8201⑤：1

2. ⅣT8201⑤：1

东区第5层出土铜虎

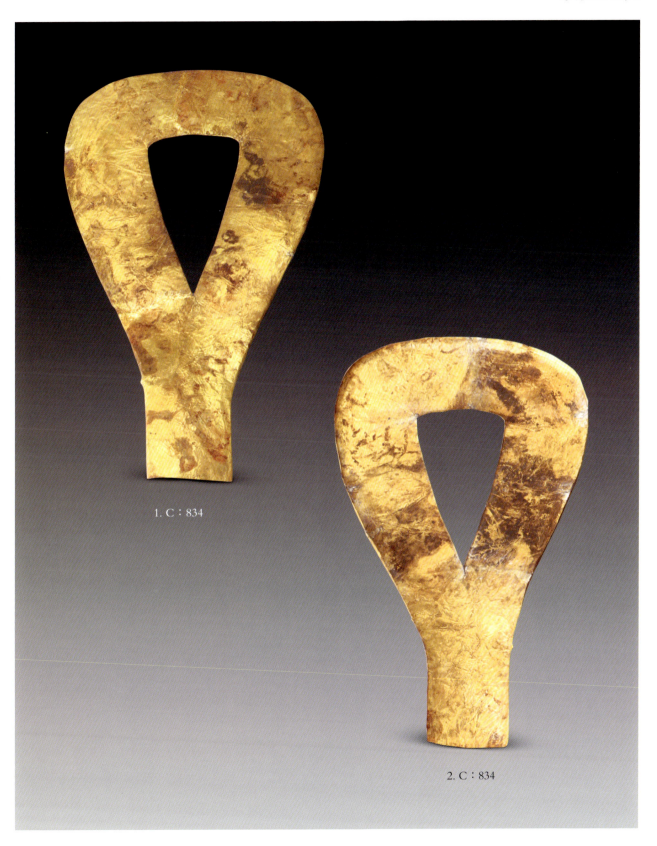

1. C：834

2. C：834

采集A型三角形金器

C：687-1

C：687-2

采集鱼纹金带

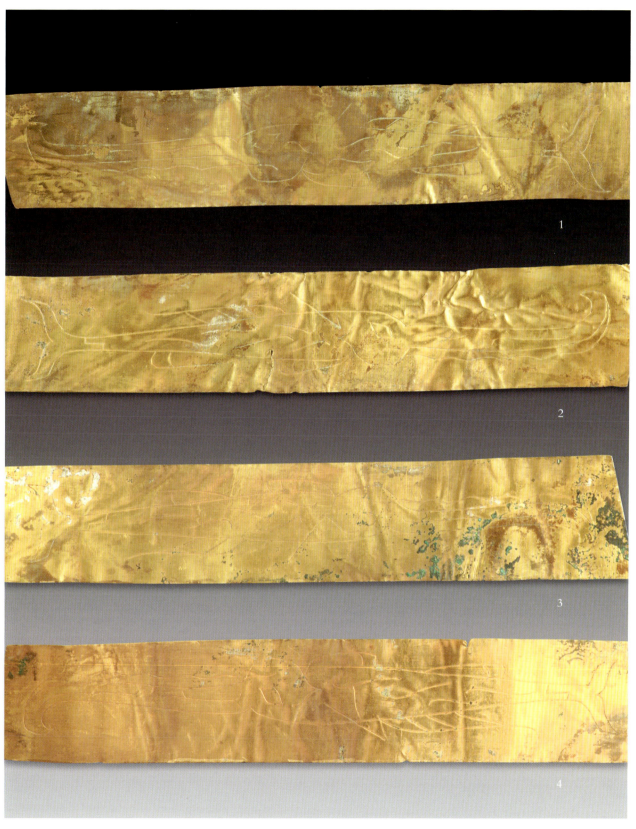

1、2. C：687-1局部　　3、4. C：687-2局部

采集鱼纹金带

C：688

采集鱼纹金带

1. C：688局部

2. C：688局部

3. C：688局部

4. C：688局部

5. C：688局部

采集鱼纹金带局部

1. 菱形金箔（C：689）

5. 金盒（C：591）

2. 菱形金箔（C：689）

6. 金盒（C：591）

3. A型圆形金箔饰（C：1404）

4. B型圆形金箔饰（C：1369）

7. 金盒（C：591）

采集金器

C：477

采集"四鸟绕日"金箔饰

1. A型金面具（C：465）

2. A型金面具（C：465）

3. 蛙形金饰（C：217）

4. 蛙形金饰（C：217）

采集金器

1. 蛙形金饰（C：215）

2. 蛙形金饰（C：215）

3. Aa型Ⅰ式鱼形金箔饰（C：1359）

4. Aa型Ⅰ式鱼形金箔饰（C：1358）

5. A型喇叭形金器（C：31）

6. A型喇叭形金器（C：31）

1. B型喇叭形金器（C：551）

2. "几"字形金器（C：222）

3. Aa型铜戈（C：169）

4. Ab型铜戈（C：873）

5. Ba型铜戈（C：844）

1. Ba型戈（C：730）

3. 钺（C：498）

2. D型戈（C：646）

4. 璋（C：713）

5. Aa型锥形器（C：386）

6. Aa型锥形器（C：697）

7. Ab型锥形器（C：707）

采集铜器

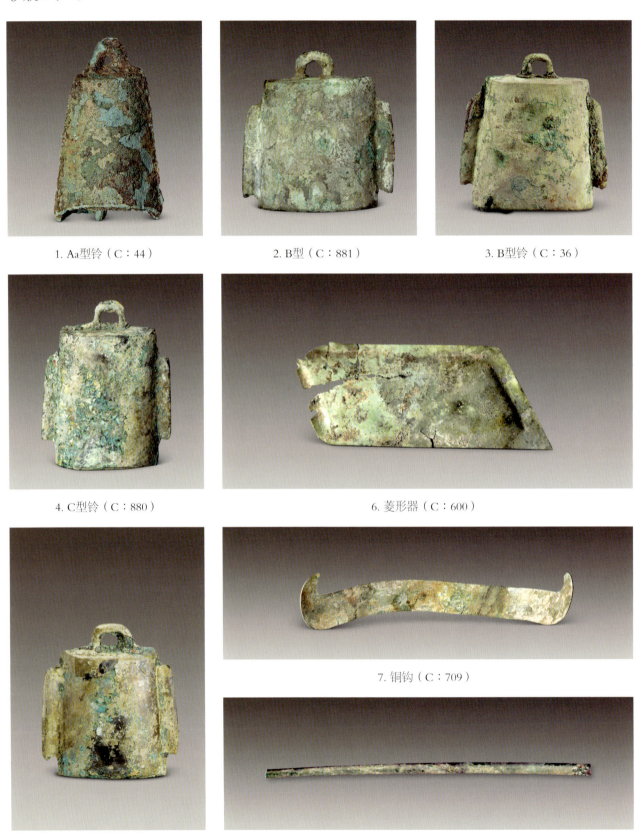

1. Aa型铃（C：44）   2. B型（C：881）   3. B型铃（C：36）

4. C型铃（C：880）   6. 菱形器（C：600）

7. 铜钩（C：709）

5. C型铃（C：138）   8. 管形饰（C：41）

采集铜器

1. 柳叶形饰（C：1239）　　　　2. Ab型璧（C：678）　　　　3. Ab型璧（C：678）

4. Ab型璧（C：678）　　　　　　　5. Ab型璧（C：685）

6. Ac型Ⅰ式璧（C：307）　　　　　7. Ac型Ⅰ式璧（C：1355）

采集铜器

1. C：588

2. C：588

3. C：588

4. C：588局部

采集Ab型铜璧

1. Ac型Ⅱ式璧（C∶228）　　2. Ac型Ⅱ式璧（C∶230）　　3. Ac型Ⅱ式璧（C∶234）

4. Ac型Ⅱ式璧（C∶306）　　5. Ac型Ⅱ式璧（C∶305）　　6. Ba型璧（C∶606）

7. Ba型璧（C∶704）　　8. A型挂饰（C∶940）　　9. A型挂饰（C∶1324）

采集铜器

1. C型（C：339）　　2. C型（C：885）　　3. E型（C：883）

4. E型（C：1376）　　5. E型（C：140）　　6. F型（C：341）

7. F型（C：340）　　8.F型（C：884）　　9. J型（C：26）

采集铜挂饰

1. A型圆涡形器（C：543）

2. A型圆涡形器（C：543）

3. B型圆涡形器（C：541）

4. Aa型Ⅰ式圆角方孔形器（C：323）

5. Aa型Ⅰ式圆角方孔形器（C：698）

6. Aa型Ⅱ式圆角方孔形器（C：700）

采集铜器

1. Aa型Ⅱ式圆角方孔形器（C：378）

2. B型圆角方孔形器（C：903）

3. 圆角长方形板（C：318）

4. 不规则形板（C：752）

5. A型桃形板（C：392）

6. A型桃形板（C：392）

采集铜器

1. C：317

3. C：319

2. C：317

采集铜人面形器

C：17

采集铜立人像

1. C：17

2. C：17

3. C：17

采集铜立人像

1. A型（C：393）

2. A型（C：393）

3. Ba型（C：692）　　　　　　　　　4. Ba型（C：692）

采集铜眼睛形器

1. Ba型眼睛形器（C：504）

2. Ba型眼睛形器（C：693）

3. Bb型眼睛形器（C：1272）

4. A型眼睛形器（C：1273）

5. A型眼睛形器（C：708）

6. A型眼泡（C：330）

采集铜器

1. C：506

2. C：506

采集铜龙形器

1. C：710

2. C：710

采集铜龙形器

采集铜器

1. 牛首（C：198）

2. 牛首（C：198）

3. 牛首（C：274）

4. 鸟（C：553）

5. 鸟（C：553）

采集铜器

1. 铜动物形器（C：1284-1）

5. 铜动物形器（C：1284-4）

2. 铜动物形器（C：1284-2）

6. Aa型玉戈（C：32）

3. 铜喇叭形器（C：555）

7. Aa型玉戈（C：47）

4. 铜喇叭形器（C：555）

8. Aa型玉戈（C：47）

采集器物

1. C：683

2. C：683

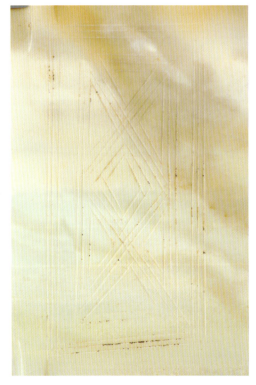

3. C：683局部

4. C：683局部

采集Ba型玉戈

1. C：60

2. C：60

3. C：60局部

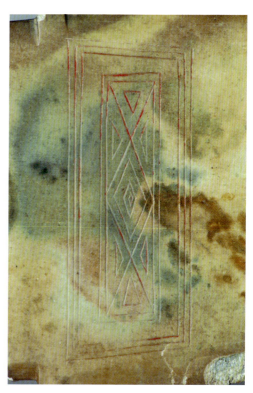

4. C：60局部

采集Ba型玉戈

1. Bb型（C：46）

2. Bb型（C：46）

3. Ca型（C：168）

4. Ca型（C：168）

采集玉戈

1. Cb型（C：53）

2. Cb型（C：53）

3. Cc型（C：27）

4. Cc型（C：27）

采集玉戈

1. D型戈（C：196）

2. Ea型戈（C：478）

3. Ea型戈（C：478）

4. Aa型矛（C：738）

5. Ab型矛（C：18）

6. B型矛（C：132）

采集玉器

1. Ca型矛（C：635）

2. Ca型矛（C：570）

3. Cb型矛（C：672）

4. A型钺（C：775）

5. A型钺（C：775）

采集玉器

1. B型钺（C：546）　　　　　2. B型钺（C：546）

3. Aa型璋（C：71）　　　4. Ab型璋（C：6）　　　5. Ab型璋（C：6）

采集玉器

C：7

采集C型玉钺

C：7

采集C型玉钺

采集C型玉钺

1. C：7局部

2. C：7局部

采集C型玉钺

1. C：955

2. C：955

采集Ab型玉璋

1. Ab型（C：66）　　2. Ab型（C：666）　　3. Ab型（C：666）　　4. Ab型（C：213）

5. Ac型（C：5）　　　　　　　6. Ac型（C：5）

采集玉璋

1. C：136

2. C：136

3. C：136局部

4. C：136局部

采集Ab型玉璋

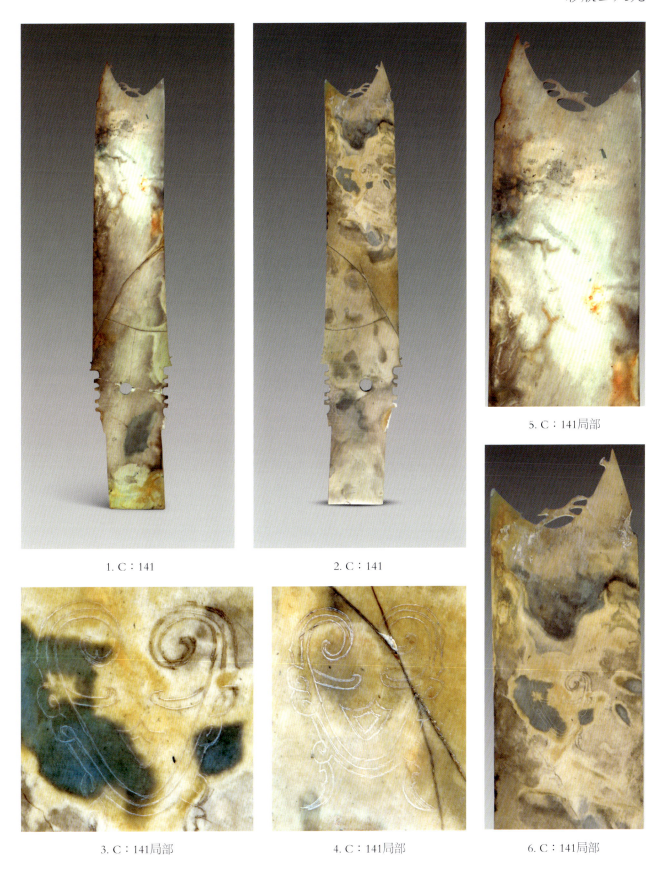

1. C：141

2. C：141

3. C：141局部

4. C：141局部

5. C：141局部

6. C：141局部

采集Ad型玉璋

1. B型（C：123）　　2. Ca型（C：82）　　3. Cc型（C：122）　　4. Cb型（C：461）

5. Ea型（C：479）　　　　　　6. Ea型（C：162）

采集玉璋

1. Ea型玉璋（C：628）

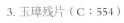

3. 玉璋残片（C：554）

2. Ea型玉璋（C：1173）

4. 玉璋残片（C：554）

1. C：199

3. C：199局部

2. C：214

采集玉璋残片

1. 玉璋残片（C：441）   2. 玉璋残片（C：441）   3. B型圭（C：956）

4. A型圭（C：507）   5. A型斧（C：271）   6. B型圭（C：956）局部

采集玉器

1. B型（C：590）　　　　　　2. B型（C：590）

3. C型（C：563）　　　　　　4. C型（C：563）

5. D型（C：740）　　　　　　6. D型（C：740）

采集玉斧

1.A型（C：200）

2.A型（C：200）

3.A型（C：634）

4.A型（C：634）

5.B型（C：557）

6.B型（C：573）

采集玉锛

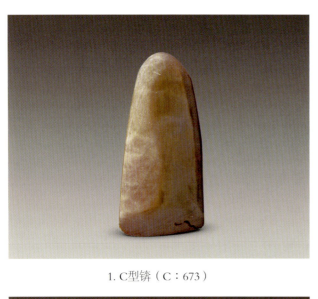

1. C型锛（C：673）

2. B型锛形器（C：127）

3. D型锛（C：804）

4. D型锛（C：804）

5. B型锛形器（C：835）

6. B型锛形器（C：576）

采集玉器

采集玉器

1. C型锛形器（C：40）　　　2. C型锛形器（C：40）　　　3. Aa型凿（C：1315）

4. Aa型凿（C：1315）　　　5. Ab型凿（C：56）　　　6. Ac型凿（C：68）

采集玉器

1. Ba型（C：81）　　2. Ba型（C：272）　　3. Bb型（C：74）

4. Ba型（C：395）　　5. Bb型（C：29）　　6. Ba型（C：1331）

采集玉凿

1. C：582 2. C：660 3. C：164 4. C：170 5. C：171

6. C：67 7. C：795 8. C：48 9. C：48

采集Bb型玉凿

1. Bb型（C：1357）　　　2. Ca型（C：521）　　　3. Ca型（C：289）

4. Ca型（C：486）　　　5. Cb型（C：125）　　　6. D型（C：643）

采集玉凿

1. Aa型（C：42）　　　2. Aa型（C：63）　　　3. Aa型（C：65）

4. Ab型（C：8）　　　5. Ab型（C：657）　　　6. Ab型（C：657）

采集玉凹刃凿形器

1. Ab型（C：119）　　　2. Ba型（C：10）　　　3. Ba型（C：10）

4. Ba型（C：62）　　　5. Ba型（C：482）　　　6. Ba型（C：482）

采集玉凹刃凿形器

1. Ba型（C：227）　　　2. Bb型（C：9）　　　3. Bb型（C：9）

4. Bb型（C：73）　　　5. Bb型（C：459）　　　6. Bb型（C：656）

采集玉凹刃凿形器

采集玉器

1. Bc型凹刃凿形器（C：12）

2. Bc型凹刃凿形器（C：131）

3. Bc型凹刃凿形器（C：131）

4. Bc型凹刃凿形器（C：1341）

5. Bc型凹刃凿形器（C：59）

6. A型刀（C：165）

采集玉器

1. B型刀（C：118）

3. 多边形饰件（C：129）

2. 鞘形器（C：109）

4. 多边形饰件（C：129）

采集玉器

C：61

采集Aa型玉琮

C：61

采集Aa型玉琮

1．C：61局部

2．C：61局部

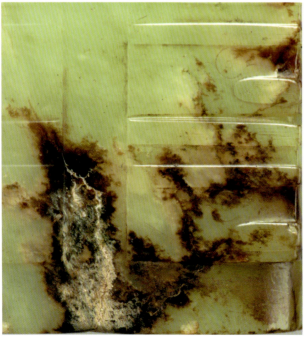

3．C：61局部

4．C：61

采集Aa型玉琮

1. C：651

2. C：651

3. C：651

4. C：651

采集Ba型玉琮

C：1

采集Ab型玉琮

C：1

采集Ab型玉琮

1. Bb型（C：178）

2. C型（C：712）

3. C型（C：712）

4. C型（C：712）

5. C型（C：712）

6. C型（C：712）

采集玉琮

1. C：556

2. C：556

3. C：556

4. C：556

5. C：556

6. C：556

采集D型玉琮

1. Aa型箍形器（C：172）

2. Aa型箍形器（C：793）

3. Ac型箍形器（C：28）

4. Aa型Ⅰ式璧（C：24）

5. Aa型Ⅱ式璧（C：2）

6. Aa型Ⅱ式璧（C：2）

采集玉器

1. C：11

2. C：11

采集Ae型玉璧

1. Ad型（C：280）　　2. Ad型（C：280）　　3. Af型（C：474）

4. Af型（C：474）　　5. Af型（C：567）　　6. Af型（C：567）

7. Ba型（C：794）　　8. Af型（C：569）　　9. Af型（C：569）

采集玉璧

1. Bc型璧（C：609）　　　2. Aa型环（C：619）　　　3. B型环（C：145）

4. B型环（C：620）　　　5. B型环（C：1018）　　　6. B型环（C：1347）

7. B型环（C：623）　　　8. Aa型镯（C：466）　　　9. Ab型镯（C：549）

采集玉器

1. Bb型镯（C：490）

2. Bb型镯（C：490）

3. Ab型镯（C：1345）

4. C型镯（C：625）

5. D型镯（C：548）

6. D型镯（C：1349）

7. 玦（C：610）

8. 球体形器（C：144）

采集玉器

1. 椭圆形器（C：19）

2. 椭圆形器（C：19）

3. 圆角镂空饰件（C：130）

4. 圆角镂空饰件（C：130）

5. 人面像（C：167）

6. 人面像（C：167）

采集玉器

1. 玉海贝佩饰（C：632）

2. 玉海贝佩饰（C：632）

3. 玉海贝佩饰（C：3）

4. 玉海贝佩饰（C：3）

5. 美石（C：1332）

6. 美石（C：293）

采集玉器

1. 美石（C：665）

2. 美石（C：665）

3. 美石（C：1377）

4. 磨石（C：536）

5. 磨石（C：539）

6. 磨石（C：539）

采集玉器

1. 磨石（C：1340）

2. 磨石（C：1340）

3. 磨石（C：1383）

4. 磨石（C：1383）

5. 磨石（C：1311）

6. 特殊玉器（C：523-2）

采集玉器

1. 特殊玉器（C：20）

2. 特殊玉器（C：20）

3. Aa型石矛（C：624）

4. Aa型石矛（C：580）

5. Ab型石矛（C：25）

6. Ab型石矛（C：756）

采集器物

1. B型矛（C：102）

2. B型矛（C：128）

3. C型矛（C：579）

4. 钺（C：587）

5. 钺（C：587）

6. 钺（C：587）局部

采集石器

1. A型璋（C：262）	2. A型璋（C：262）局部	3. A型璋（C：263）

4. Ab型斧（C：252）	5. Ab型斧（C：252）	6. Aa型斧（C：296）

采集石器

1. Ab型（C：15）　　　　　　　　2. Ab型（C：268）

3. Ba型（C：990）　　　　　　　　4. Ba型（C：990）

5. Ba型（C：1295）　　　　　　　6. Bb型（C：790）

采集石斧

1. C型斧（C：670）

2. Aa型锛（C：560）

3. Ab型锛（C：397）

4. Aa型锛（C：751）

5. Ab型锛（C：636）

6. Ba型锛（C：1333）

7. Ba型锛（C：561）

采集石器

采集石器

1. Ba型石璧（C：1418）

2. Ba型石璧（C：104）

3. Ba型石璧（C：106）

4. Bb型石璧（C：1424）

5. Bb型石璧（C：630）

6. Bb型石璧（C：810）

8. A型石璧坯料（C：1003）

7. Bb型石璧（C：1420）

采集石器

1. B型石璧坯料（C：39）

2. B型石璧坯料（C：1013）

3. A型跪坐人像（C：13）

4. B型跪坐人像（C：188）

采集石器

C：716

采集A型石跪坐人像

1. C：716

2. C：716

3. C：716

采集A型石跪坐人像

C：717

采集A型石跪坐人像

C：717

采集A型石跪坐人像

1. C：212

2. C：212

3. C：212

4. C：212

采集B型石跪坐人像

1. C：159

2. C：159

3. C：159

4. C：159

采集C型石跪坐人像

1. C：166

2. C：166

3. C：166

4. C：166

采集C型石跪坐人像

采集A型石虎

1. C：1254

2. C：1254

3. C：1254

4. C：1254

采集A型石虎

1. C：211

2. C：211

采集A型石虎

1. C：211

2. C：211

3. C：211

采集A型石虎

1. C：684

2. C：684

3. C：684

4. C：684局部

采集A型石虎

1. C：3

2. C：3

3. C：3

采集B型石虎

1. B型石虎（C：187）

2. A型蛇（C：629）

采集石器

1. C：719

2. C：719

采集A型石蛇

1. 石鳖（C：642）

2. 骨镞（C：1290）

3. 锥形骨器（C：426）

4. 陶猪首（C：985）

5. 陶猪首（C：985）

采集器物

1. ⅠT6616⑬出土头骨外侧面观

2. ⅠT6616⑬出土头骨内侧面观

2mm

3. 稻谷（ⅠT7209㉑）

1mm

4. 稻谷基盘（L24）

1mm

5. 粟（ⅠT7209㉑）

1mm

6. 大麻（ⅠT6909㊵）

1mm

7. 黍（ⅠT7111⑬）

人骨及植物遗存

1. 葫芦（ⅠT7007㊵）　　2. 绿豆（？）（ⅠT7009㊵）　　3. 葡萄属（ⅠT6909㊴）

4. 李属（L58④）

5. 樱属（？）（L58）

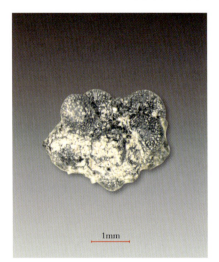

6. 猕猴桃（ⅠT6909㊵）　　7. 桃／梅（L58）　　8. 甜瓜（ⅠT7007㊵）

植物遗存

1.五加科（L58）

2.樟科（L58）

3.蔷薇科（ⅠT6909③⑨）

4.木犀科（ⅠT7009④⓪）

5.木犀科（ⅠT7009④⓪）

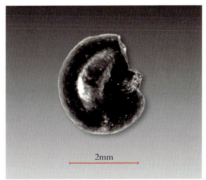

6.五味子科（?）（L58④）

7.大戟科（L58）

8.冬青属（L58）

植物遗存

1.榕属（ⅠT6909㊵）　　　　　2.柃木属（L58）　　　　3.朴属（L58）

4.榉树（ⅠT6909㊴）

5.构树（ⅠT6909㊴）　　　　　　　6.女贞（ⅠT7008㊴）

植物遗存

1.桑树（L58）

2.灯台树（ⅠT7008㊴）

3.吴茱萸（L58②）

4.吴茱萸（ⅠT6909㊵）

5.榕树（ⅠT7009㊵）

6.八角枫（L58）

7.花椒（L58）

8.山茱萸（？）（H2312②）

9.南酸枣（ⅠT6909㊵）

10.盐肤木（？）（ⅠT6909㊵）

植物遗存

1.紫金牛科（L58）

2.忍冬科（？）（L58）

3.小檗科（Ⅰ T7009⑩）

4.悬钩子属（L58）

5.五加属（Ⅰ T6909㊴）

6.忍冬属（Ⅰ T6909㊴）

7.荚蒾属（Ⅰ T6909⑩）

8.虎刺属（Ⅰ T7009⑩）

植物遗存

1.胡颓子属（ⅠT7008㊴）

2.接骨木（L58）

3.朱砂根（L58②）

4.葫芦科（ⅠT6909㊴）

5.葡萄科（ⅠT6909㊵）

6.葫芦科（L58）

7.乌蔹莓（ⅠT6909㊴）

8.防己（ⅠT6909㊴）

植物遗存

1.旋花科（L58）

2.伞形科（ⅠT7008㊴）

3.早熟禾亚科（L58）

4.菊科（L58）

5.禾本科（L58）

6.黍亚科（ⅠT7111⑬）

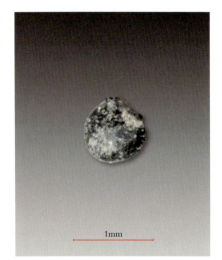

7.藜科（ⅠT7007㊵）

8.茄科（ⅠT6909㊴）

9.马齿苋科（L58）

植物遗存

1.荨麻科（？）（L58）

2.莎草科（L58）

3.苋科（L58）

4.豆科（ⅠT7111⑬）

5.睡莲科（ⅠT7009④）

6.蓼科（H2312②）

7.十字花科（？）（L58）

8.蝶形花科（ⅠT7007④）

9.莎草属（L58）

植物遗存

1.毛茛属（L58）

2.蔗草属（L58）

3.蛇莓属（ⅠT6909㊲）

4.卷耳属（L58）

5.豨莶属（？）
（L24）

6.狗尾草属
（ⅠT7111⑬）

7.豇豆属
（ⅠT6909㊵）

8.大豆属
（ⅠT7009㊵）

植物遗存

1.眼子菜属（ⅠT7008㊴）　　2.稗属（ⅠT7111⑬）　　3.马唐属（H2312②）

4.蒿属（？）（ⅠT6909㊵）　　5.蓼属（ⅠT6909㊴）　　6.酸模属（ⅠT6909㊴）

7.委陵菜属（？）（L58）　8.高粱属（？）（ⅠT6909㊵）　9.狼尾草属（ⅠT7209㊴）　10.薹草属（L58）

植物遗存

1.野燕麦（ⅠT7209㉑） 2.马鞭草（L58）

3.酢浆草（L58） 4.马㼮儿（？）（ⅠT6909㊴）

5.铁苋菜（L58） 6.紫苏（L24） 7.叶下珠（ⅠT6909㊵）

植物遗存

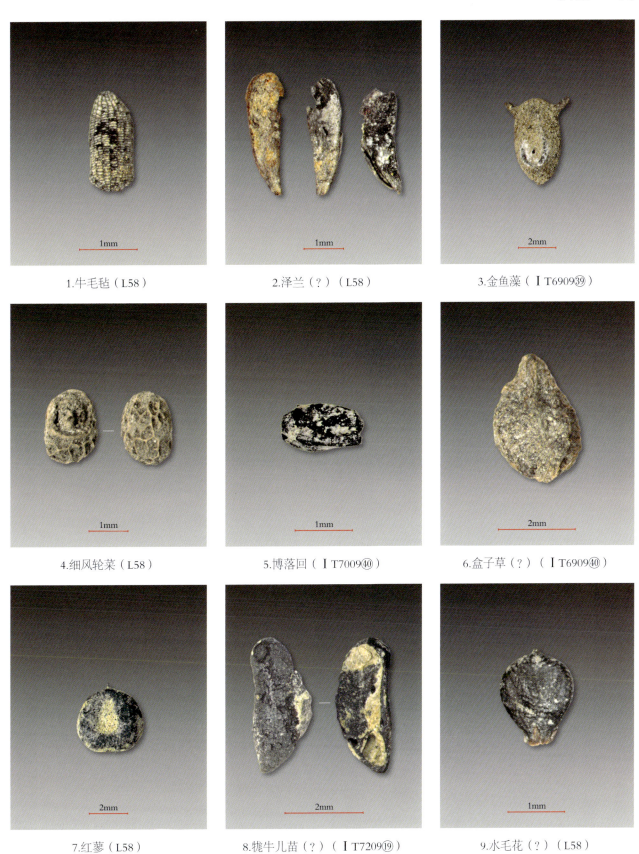

1.牛毛毡（L58）   2.泽兰（？）（L58）   3.金鱼藻（ⅠT6909㊴）

4.细风轮菜（L58）   5.博落回（ⅠT7009㊵）   6.盒子草（？）（ⅠT6909㊵）

7.红蓼（L58）   8.牻牛儿苗（？）（ⅠT7209⑲）   9.水毛花（？）（L58）

植物遗存

1.古树根遗迹发掘现场图

2.L11附近古河道内树木分布图

古河道出土古树

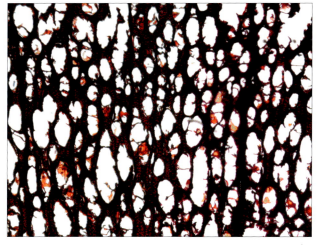

1. 秋枫横切面（古树根遗迹）

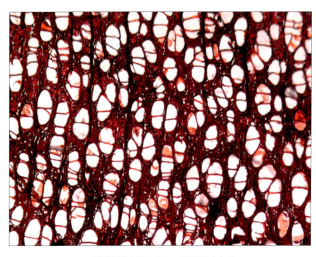

2. 秋枫横切面（L11附近树木）

3. 秋枫径切面（古树根遗迹）

4. 秋枫径切面（L11附近树木）

5. 秋枫弦切面（古树根遗迹）

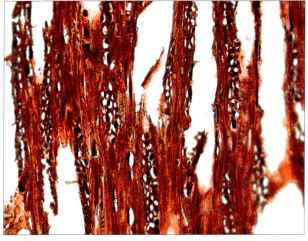

6. 秋枫弦切面（L11附近树木）

古河道出土古树切面

1. 马（*Equus caballus*）门齿，内侧视（ⅠT7711）

2. 马（*Equus caballus*）门齿，外侧视（ⅠT7711）

3. 牛（*Bos taurus*）臼齿，外侧视（ⅠT7710）

4. 牛（*Bos taurus*）臼齿，内侧视（ⅠT7710）

5. 猪獾（*Arctonyx collaris*）左下颌骨，内侧视（ⅠT7711）

6. 猪獾（*Arctonyx collaris*）左下颌骨，外侧视（ⅠT7711）

动物遗存

1. 虎（*Panthera tigris*）左下颌骨，外侧视（ⅠT7910）

2. 虎（*Panthera tigris*）左下颌骨，内侧视（ⅠT7910）

3. 虎（*Panthera tigris*）犬齿，内侧视（ⅠT7910）

4. 虎（*Panthera tigris*）犬齿，外侧视（ⅠT7910）

5. 虎（*Panthera tigris*）犬齿，内侧视（ⅠT7910）

6. 虎（*Panthera tigris*）犬齿，外侧视（ⅠT7910）

1. 黑熊（*Ursus thibetanus*）臼齿，顶视（ⅠT7710）

2. 黑熊（*Ursus thibetanus*）臼齿，侧视（ⅠT7710）

3. ⅠT8105⑮象牙出土情况

4. ⅠT7308㉒残缺的亚洲象上颌骨出土情况

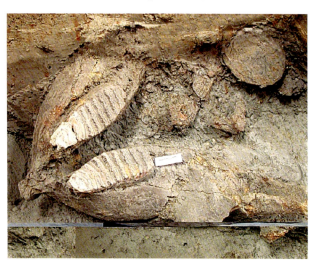

5. ⅠT7308㉒亚洲象下颌骨出土情况

动物遗存

1. 亚洲象（*Elephas maximus*）门齿，侧视（ⅠT7910）

2. 亚洲象（*Elephas maximus*）门齿，侧视（ⅠT7911）

3. 亚洲象（*Elephas maximus*）臼齿，侧视

4. 亚洲象（*Elephas maximus*）臼齿，顶视

5. 亚洲象（*Elephas maximus*）臼齿，顶视

6. 亚洲象（*Elephas maximus*）臼齿，侧视

1. 犀牛（*Rhinoceros*）臼齿，内侧视（ⅠT7809）

2. 犀牛（*Rhinoceros*）臼齿，顶视（ⅠT7809）

3. ⅠT7809 犀牛下颌骨出土情况

4. 野猪（*Sus scrofa*）门齿，内侧视（ⅠT7810）

5. 野猪（*Sus scrofa*）门齿，外侧视（ⅠT7810）

6. ⅠT7710中野猪（*Sus scrofa*）下犬齿

动物遗存

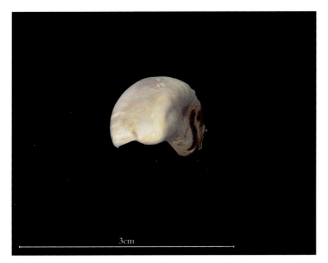

1. 野猪（*Sus scrofa*）门齿，顶视（ⅠT7710）

2. 野猪（*Sus scrofa*）下左颌骨，内侧视（ⅠT7711）

3. 野猪（*Sus scrofa*）右下颌骨，内侧视（ⅠT7811）

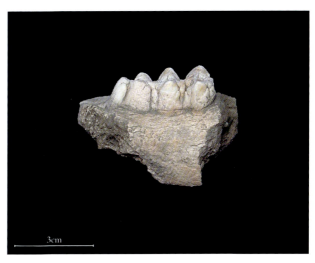

4. 野猪（*Sus scrofa*）右下颌骨，外侧视（ⅠT7811）

5. 野猪（*Sus scrofa*）右下颌骨，外侧视（ⅠT7811）

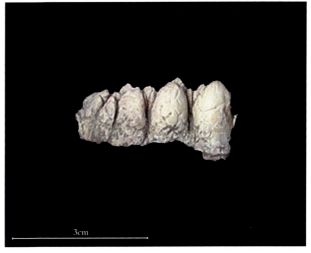

6. 野猪（*Sus scrofa*）臼齿，侧视（ⅠT7811）

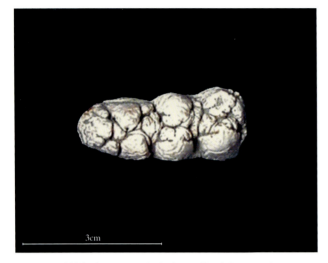

1. 野猪（*Sus scrofa*）臼齿，顶视（ⅠT7811）

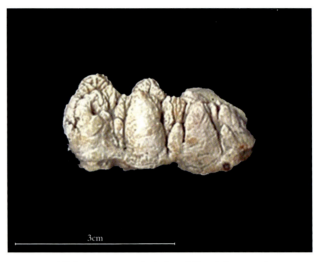

2. 野猪（*Sus scrofa*）臼齿，侧视（ⅠT7811）

3. 野猪（*Sus scrofa*）下犬齿，左侧视（ⅠT7810）

4. 野猪（*Sus scrofa*）下犬齿，右侧视（ⅠT7810）

5. 野猪（*Sus scrofa*）下犬齿，右侧视（ⅠT7910）

6. 野猪（*Sus scrofa*）下犬齿，左侧视（ⅠT7910）

动物遗存

1. ⅠT7710中的水鹿（*Rusa unicolor*）角

2. 赤麂（*Muntiacus muntiak*）右角，前视（ⅠT7809）

3. 赤麂（*Muntiacus muntiak*）右角，后视（ⅠT7809）

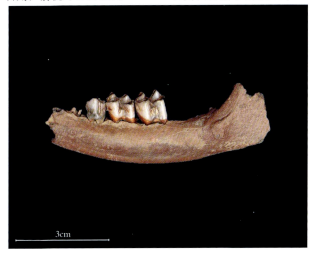

4. 小鹿（*Muntiacus reevesi*）左角，前视（ⅠT7711）

5. 小鹿（*Muntiacus reevesi*）左角，后视（ⅠT7711）

6. 小鹿（*Muntiacus reevesi*）左下颌骨，左侧视（ⅠT7910）

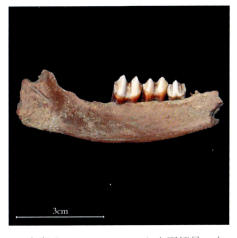

7. 小鹿（*Muntiacus reevesi*）左下颌骨，顶视（ⅠT7910）

8. 小鹿（*Muntiacus reevesi*）左下颌骨，右侧视（ⅠT7910）

9. 小鹿（*Muntiacus reevesi*）左角，前视（ⅠT7810）

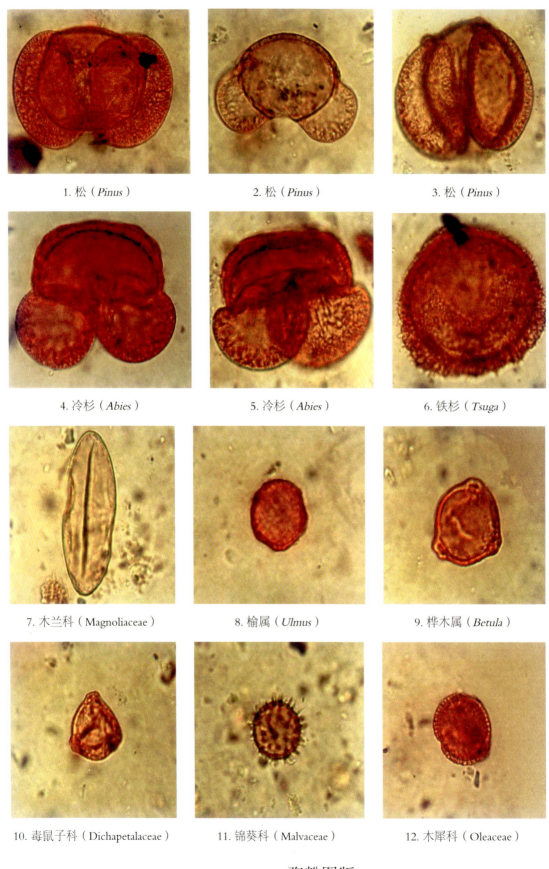

1. 松（*Pinus*）　　2. 松（*Pinus*）　　3. 松（*Pinus*）

4. 冷杉（*Abies*）　　5. 冷杉（*Abies*）　　6. 铁杉（*Tsuga*）

7. 木兰科（Magnoliaceae）　　8. 榆属（*Ulmus*）　　9. 桦木属（*Betula*）

10. 毒鼠子科（Dichapetalaceae）　　11. 锦葵科（Malvaceae）　　12. 木犀科（Oleaceae）

孢粉图版

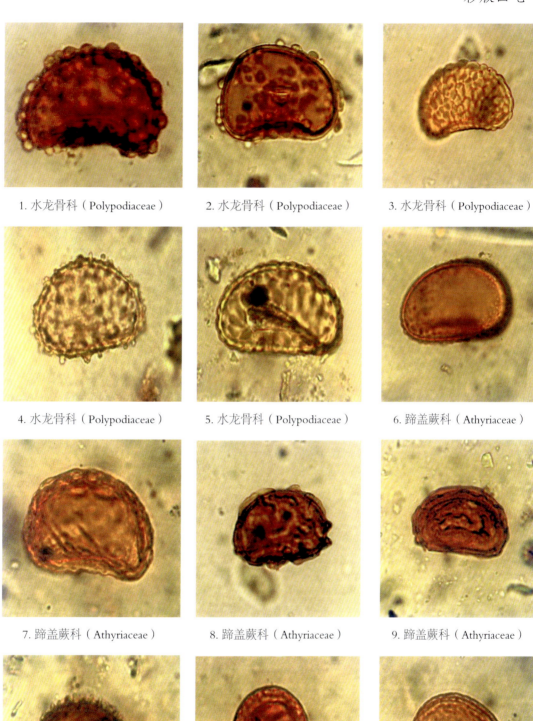

1. 水龙骨科（Polypodiaceae）　　2. 水龙骨科（Polypodiaceae）　　3. 水龙骨科（Polypodiaceae）

4. 水龙骨科（Polypodiaceae）　　5. 水龙骨科（Polypodiaceae）　　6. 蹄盖蕨科（Athyriaceae）

7. 蹄盖蕨科（Athyriaceae）　　8. 蹄盖蕨科（Athyriaceae）　　9. 蹄盖蕨科（Athyriaceae）

10. 紫萁科（Osmundaceae）　　11. 双星藻（Zygnemataceae）　　12. 藜科（Chenopodiaceae）

孢粉图版

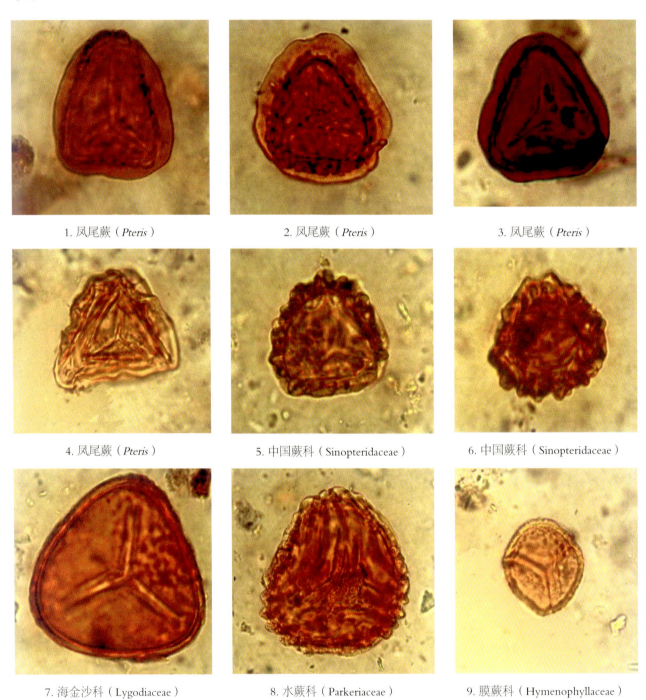

1. 凤尾蕨（*Pteris*）　　　　2. 凤尾蕨（*Pteris*）　　　　3. 凤尾蕨（*Pteris*）

4. 凤尾蕨（*Pteris*）　　　5. 中国蕨科（Sinopteridaceae）　　　6. 中国蕨科（Sinopteridaceae）

7. 海金沙科（Lygodiaceae）　　8. 水蕨科（Parkeriaceae）　　9. 膜蕨科（Hymenophyllaceae）

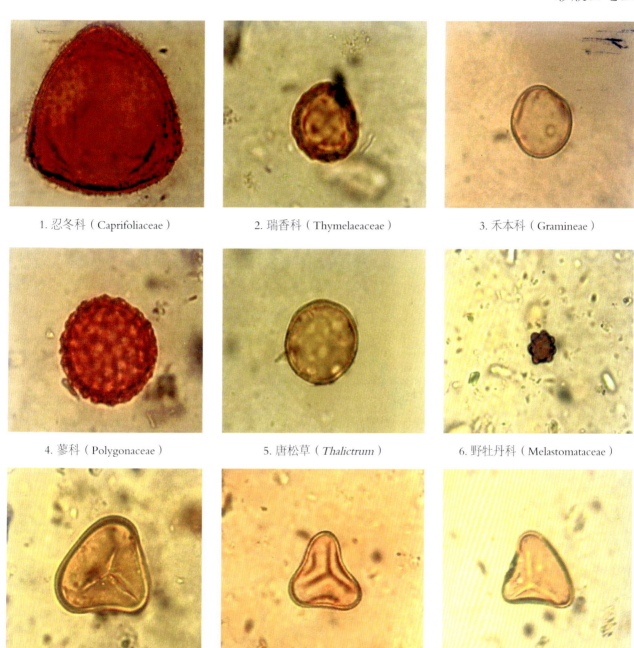

1. 忍冬科（Caprifoliaceae）   2. 瑞香科（Thymelaeaceae）   3. 禾本科（Gramineae）

4. 蓼科（Polygonaceae）   5. 唐松草（*Thalictrum*）   6. 野牡丹科（Melastomataceae）

7. 裸子蕨科（Gymnogrammaceae）   8. 里白科（Gleicheniaceae）   9. 碗蕨科（Dennstaedtiaceae）